产品内分工与中国装备制造业升级研究

王 姗 著

中国财经出版传媒集团
中国财政经济出版社

图书在版编目（CIP）数据

产品内分工与中国装备制造业升级研究／王姗　著
．－－北京：中国财政经济出版社，2021.4
ISBN 978－7－5223－0415－1

Ⅰ.①产…　Ⅱ.①王…　Ⅲ.①装备制造业－工业企业－研究－中国　Ⅳ.①F426.4

中国版本图书馆 CIP 数据核字（2021）第 040963 号

责任编辑：李筱文　　　　责任校对：徐艳丽
封面设计：陈宇琰　　　　责任印制：党　辉

中国财政经济出版社 出版
URL：http：//www.cfeph.cn
E－mail：cfeph@cfeph.cn

社址：北京市海淀区阜成路甲 28 号　邮政编码：100142
营销中心电话：010－88191522
天猫网店：中国财政经济出版社旗舰店
网址：https：//zgczjjcbs.tmall.com
北京财经印刷厂印刷　各地新华书店经销
成品尺寸：170mm×240mm　16 开　10.75 印张　147 000 字
2021 年 4 月第 1 版　2021 年 4 月北京第 1 次印刷
定价：42.00 元
ISBN 978－7－5223－0415－1
（图书出现印装问题，本社负责调换，电话：010－88190548）
本社质量投诉电话：010－88190744
打击盗版举报热线：010－88191661　QQ：2242791300

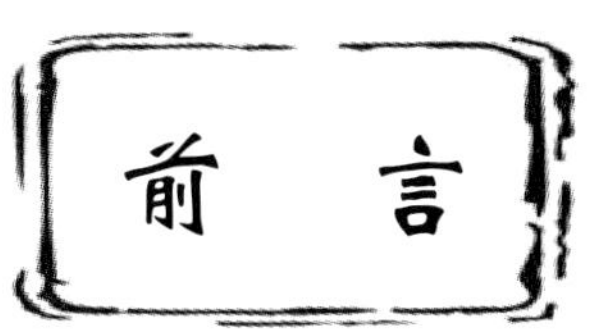

前　言

20 世纪 80 年代以来，随着经济全球化进程的不断推进，国际分工呈现出精细化、复杂化和片段化的特征，传统的产业间分工和产业内分工逐渐被取代，产品内分工成为国际分工的主要形式。产品内分工是将不同国家或地区的企业生产活动通过分散化的价值链活动联结起来的分工形式，具体表现为产品内分工体系中的各参与者以全球价值链上特定的生产环节或工序为对象进行专业化生产。

产品内分工下产业升级问题是产业经济学领域内研究的核心问题。随着近年来我国装备制造业在国民经济中的重要性日益突显，产品内分工背景下如何加快装备制造业升级已成为当前我国产业发展关注的焦点，具有十分重要的研究价值。改革开放以来，我国开启了融入产品内国际分工体系的历史进程。随着参与产品内分工程度的不断加深，在国际代工模式的驱动下，我国装备制造业经历了 2001—2008 年这段高速增长的黄金时期。但国际金融危机后，受国际市场需求萎靡、我国生产要素成本上升等因素的影响，我国装备制造业高速增长的势头有所放缓，进入了产业发展的瓶颈期，面临着产品内分工地位偏低、“大而不强”等问题，当前亟需探索加快装备制造业升级新路径。本书通过产品内分工对我国装备制造业升级的影响进行理论和实证研究，并结合当前我国装备制造业发展困境、制约因素和产业发展目标，提出具有针对性和可行性的政策建议，以促使我国装备制造业走出困境，加快推进升级步伐。

本书围绕产品内分工与中国装备制造业升级问题展开研究，全书共由七章构成。第一章是导论，主要阐述研究背景与意义、研究内容与框架、研究方法、创新点与不足，并对本书的核心概念——产品内分工、装备制造业、产业升级加以界定。第二章是基础理论与文献综述，梳理与本书研究相关的基础理论，对国内外研究进行回顾并总结性评述。第三章是中国装备制造业发展概况，在阐述我国装备制造业发展历程与现状的基础上，进一步揭示我国装备制造业发展面临的困境。第四章是理论分析部分，探讨产品内分工下装备制造业升级类型及其实现路径，分别考察产品内分工对我国装备制造业高效化、服务化、高端化的影响机理，并在此基础上分析产品内分工下我国装备制造业升级的制约因素。第五章是产品内分工与中国装备制造业升级的测度，分别构建相关指标对我国装备制造业产品内分工程度、高效化程度、服务化程度、高端化程度进行测度，以考察我国装备制造业产品内分工和升级情况。第六章是实证研究部分，通过构建面板数据模型和向量误差修正模型，分别就产品内分工对我国装备制造业高效化、服务化、高端化升级的影响进行实证研究。第七章是结论和政策建议，对本书得出的主要结论进行总结，并提出相关政策建议。

本书研究得出以下主要结论：

第一，改革开放以来，我国装备制造业发展大致经历了1978—2000年的初步成长阶段、2001—2008年的快速发展阶段、2009年至今的转型升级阶段。当前，我国正处于装备制造业升级的关键时期，在产业政策的推动下，近年来装备制造业升级取得了一定成效，装备制造业已成为支撑制造业发展的重要基石和推动制造业产品研发与技术创新的主力军，其重要性日益凸显。然而，目前我国装备制造业发展陷入增速放缓、产品内分工地位偏低、国际竞争力不强的困境，亟须升级，走出困境。

第二，从机理分析来看，产品内分工对我国装备制造业高效化的影响主要表现在，产生技术扩散效应、高级生产要素积累效应和规模经济效应，有助于我国装备制造业高效化升级。而产品内分工对我国装备制造业服务化的影响主要表现在，一方面产生市场竞争效应和企业创新效应，有利于我国装备制造业服务化升级；另一方面在跨国公司“俘获型”治理和战略隔绝机制下产生低端锁定效应，不利于我国装备制造业服务化发展。产品内分工对我国装备制造业高端化的影响主要表现在，产生技术跨越效应和产业结构升级效应，对我国装备制造业高端化升级产生积极影响，但同时也产生路径依赖效应，不利于高端化进程的持续发展。由此看来，参与产品内分工对我国装备制造业升级而言是一把“双刃剑”，有着正负两方面的影响。

第三，从产品内分工对我国装备制造业升级影响的实证研究结果来看，产品内分工对装备制造业高效化发展具有显著的推动作用；产品内分工对装备制造业服务化的影响，前期主要表现为推动效应，后期主要表现为抑制效应；我国装备制造业参与产品内分工程度与高端化程度之间存在长期稳定的协整关系，表明产品内分工对我国装备制造业高端化产生正向影响。因此，一方面应继续深化产品内分工参与度以加快装备制造业高效化和高端化升级；另一方面应警惕产品内分工对装备制造业服务化升级带来的风险和负面影响。

第四，产品内分工下我国装备制造业升级受到国际和国内相关因素的制约。从国际制约因素来看，发达国家“再工业化”战略强化其固有竞争优势，为我国装备制造业向全球价值链高端攀升增加了难度；以东南亚国家为代表的部分发展中国家加工贸易的崛起，加速弱化了我国廉价劳动力比较优势，使我国代工企业的生存面临着严峻的考验。从国内制约因素来看，我国装备制造业升级的内部动力不足，存在自主创新能力不强、生产性服务业对装备制造业升级的支持效果有限、人力资本积累不足且结构层次偏低等问题，制约我国装备制造业产品内分工地位的提升。

本书的创新之处主要体现在以下三方面：

（1）对产品内分工下装备制造业升级的理论分析较为独特并有一定深度。本书在国内外现有研究的基础上，探讨产品内分工下装备制造业升级的类型及其实现路径，提出将装备制造业高效化、服务化、高端化分别作为技术升级、功能升级、链条升级的实现路径。现有文献较多关注产品内分工下技术升级和功能升级问题，而对链条升级的理论分析还不够深入、系统。本书较为全面地考察了这三类升级情况，分别讨论产品内分工对我国装备制造业高效化、服务化、高端化的作用机理，有助于从理论上系统考察产品内分工对我国装备制造业升级的影响。

（2）运用实证方法构建面板数据模型和向量误差修正模型，综合考察产品内分工对我国装备制造业高效化、服务化和高端化的影响，分析较为全面。现有文献关于产品内分工对生产率高效化影响的实证研究较多，而关于产品内分工对制造业产出服务化和产业内结构高端化影响的实证研究较少，针对我国装备制造业服务化和高端化的实证研究更少。本书利用装备制造业行业面板数据构建模型，实证分析产品内分工对我国装备制造业高效化和服务化的影响；同时，利用时间序列数据构建向量误差修正模型，对产品内分工对我国装备制造业高端化的影响进行实证研究，有助于全方位考察产品内分工对装备制造业升级的影响。

（3）根据研究结论提出相应的政策建议具有新意。现有文献较多以工业行业或制造业为研究对象，通过理论和实证研究得出广泛性、一般性的结论，而较少有文献针对我国装备制造业的不同升级路径得出全面、具体的研究结论。本书的研究结果显示，深化产品内分工参与度有利于促进我国装备制造业高效化和高端化发展，但产品内分工对我国装备制造业服务化的影响，前期表现为推动效应，后期表现为抑制效应。据此，本书结合我国装备制造业发展困境、制约因素和产业发展目标，提出具有针对性和可行性的政策建议，对进一步促进我国装备制造业升级特别是服务化升级具有较为重要的指导意义。

2021 年 3 月

Preface

Since the 1980s, with the rapid development of economic globalization, the international division of labor has been characterized by refinement, complexity and fragmentation. Intra – product specialization has replaced inter – industry specialization and intra – industry specialization, gradually becoming the main form of international division of labor. Intra – product specialization is a form of division of labor that links the production activities of enterprises in different countries or regions through disintegration of the value chain. Each of participants in the intra – product specialization system is targeted at specific production process in the global value chain for specialized production.

Industrial upgrading against the background of intra – product specialization is the core research subject in the field of industrial economics. With the increasing importance of China's equipment manufacturing industry in the national economy in recent years, how to accelerate the upgrading of equipment manufacturing industry against the background of intra – product specialization is becoming the key issue of industrial development in China. Thus, the research on intra – product specialization and the upgrading of China's equipment manufacturing industry is of great research value. Since the reform and opening – up, China has started to integrate into the intra – product specialization system. With the improvement of participation level of intra – product specialization, China's Equipment manufacturing industry has experienced a period of rapid growth from 2001 to 2008, driven by the developing international subcontracting. But after the international financial crisis, because of the reduction in the international market demand and the rising in production cost in China, the growth rate of China's equipment manufacturing industry is slowing down, and China's industrial development is getting stuck in a bottleneck, facing such problems as that the status of intra - product specialization is relatively poor and the international competitiveness of equipment manufacturing industry is relatively weak. Thus, we need to find new ways to speed up the upgrading of China's manufacturing industry at present. This thesis studies the influence of intra - product specialization on the upgrading of China's equipment manufacturing industry by theoretical and empirical researches, combining with the dilemma, restrictive factors and industrial development goal of China's equipment manufacturing industry against the background of intra - product specialization, and puts forward targeted and feasible policy proposals, in order to find a way to help China's equipment manufacturing industry out of the dilemma and speed up the pace of upgrading.

The thesis focuses on intra - product specialization and the upgrading of China's equipment manufacturing industry, which consists of seven chapters. Chapter Ⅰ is the introduction, which mainly introduces the research background and significance, research content and framework, research methods, innovation and deficiencies of this thesis, and defines the concepts of intra - product specialization, equipment manufacturing industry, and industrial upgrading, which are the key of this thesis. Chapter Ⅱ is the basic theory and literature review, which summarizes and expounds the basic theories related to this thesis, and reviews the domestic and foreign researches and makes comments on them. Chapter Ⅲ is the development situation of China's equipment manufacturing industry, which expounds the historical development process and status quo of China's equipment manufacturing industry, and analyzes the dilemma that is faced by the development of China's equipment manufacturing industry against the background of intra - product specialization. Chapter Ⅳ is the theoretical research, which explores the types of the upgrading of equipment manufacturing industry and the ways of realization against the background of intra - product specialization, and respectively analyzes the mechanism of the influence of intra - product specialization on high efficiency upgrading, servitization, and high - end upgrading of China's equipment manufacturing industry. On that basis it also analyzes the restrictive factors of the upgrading of China's equipment manufacturing industry against the background of intra - product specialization. Chapter Ⅴ is the measurement of intra - product specialization and the upgrading of China's equipment manufacturing industry, which respectively builds indexes to measure the participation level of intra - product specialization, high efficiency upgrading, servitization, and high - end upgrading of China's equipment manufacturing industry in order to work out the situation of intra - product specialization and the upgrading of China's equipment manufacturing industry. Chapter Ⅵ is the empirical research, which builds panel data models and vector error correction model in order to respectively study the impacts of intra - product specialization on high efficiency upgrading, servitization, and high - end upgrading of China's equipment manufacturing industry. Chapter Ⅶ is the conclusion and policy proposals, which summarizes the main conclusions of this thesis and puts forward policy proposals.

According to this thesis, we will arrive at following main conclusions:

Firstly, since the reform and opening - up, China's equipment manufacturing industry has experienced the start - up and growth period from 1978 to 2000, the rapid development period from 2001 to 2008, and the transformation and upgrading period since 2009. China is facing a critical period of the upgrading of equipment manufacturing industry at present. The upgrading of equipment manufacturing industry has been quite effectively promoted by national policies in recent years. Equipment manufacturing industry is becoming more and more important as a cornerstone that supports the development of manufacturing industry and a major force that promotes R&D and technological innovation of the manufacturing industry. However, China's equipment manufacturing industry is caught in the dilemma that the growth rate is slowing down, the status of intra - product specialization is relatively poor, the international competitiveness is relatively weak. Thus, the upgrading of China's equipment manufacturing industry still needs to be accelerated.

Secondly, seen from the mechanism analysis of this thesis, in terms of the impacts of intra - product specialization on the high efficiency of the upgrading of China's equipment manufacturing industry, intra - product specialization produces technology diffusion effect, advanced factors of production accumulation effect and economics of scale, which are helpful to high efficiency upgrading of China's equipment manufacturing industry. In terms of the impacts of intra - product specialization on servitization of China's equipment manufacturing industry, on the one hand, it produces market competition effect and enterprise innovation effect, which is beneficial to improving servitization of China's equipment manufacturing industry, while on the other hand, the low - end lock - in effect, produced by the captive type of global value chain governance and strategic isolating mechanism of multinational companies, is inconducive to the servitization of China's equipment manufacturing industry. In terms of the impacts of intra - product specialization on high - end upgrading of China's equipment manufacturing industry, it produces technological leaping effect and upgrading effect of industrial structure, which have a positive impact on high - end upgrading of China's equipment manufacturing industry. However, it also produces path dependence effect, which is inconducive to the sustainable high - end upgrading. Thus, participating in intra - product specialization is a double - edged sword for the upgrading of China's equipment manufacturing industry, which has both positive and negative effects.

Thirdly, seen from the empirical research results of intra - product specialization's influence on the upgrading of China's equipment manufacturing industry, intra – production specialization has significant positive effect on high efficiency upgrading of equipment manufacturing industry. The influence of intra – product specialization on servitization of equipment manufacturing industry is shown as positive effect in the early stage and the negative effect in the later stage. There is a long – term and stably cointegrated relationship between the participation level of intra – product specialization and the level of high – end upgrading, which indicates that intra – product specialization has positive influence on high – end upgrading of China's equipment manufacturing industry. Therefore, on the one hand, China should continue to speed up high efficiency upgrading and high – end upgrading of equipment manufacturing industry by improving the participation level of intra – product specialization, on the other hand, it should be vigilant of intra – product specialization's risk and negative influence on servitization of equipment manufacturing industry.

Finally, the upgrading of China's equipment manufacturing industry against the background of intra – product specialization is restrained by related international and domestic factors. Seen from the international restrictive factors, the reindustrialization strategies of developed countries strengthen their inherent competition advantages, and increases the difficulty for equipment manufacturing industry rising to the high – end of global value chain. The rises of processing trade in some developing countries represented by Southeast Asian countries speed up weakening the comparative advantage of China's labor force, and makes domestic original equipment manufacturers face severe tests of survival. Seen from the domestic restrictive factors, the internal impetus of the upgrading of China's equipment manufacturing industry is insufficient. There are problems such as autonomous innovation ability is weak, the supporting effect of producer services on the upgrading of China's equipment manufacturing industry is limited, human capital is insufficient and structural layer of human capital is low, which restrain China's equipment manufacturing industry from promoting the position in intra – product specialization.

Innovation of this thesis is mainly reflected in the following three aspects:

(1) In this thesis, the theoretical analysis of the upgrading of equipment manufacturing industry against the background of intra – product specialization is innovative. On the basis of the existing domestic and foreign researches, this thesis discusses the types of the upgrading of equipment manufacturing industry and the ways of realization against the background of intra – product specialization, and puts forward that taking high efficiency upgrading, servitization, and high – end upgrading of equipment manufacturing industry as the ways of realizing technological upgrading, functional upgrading, and inter – sectoral upgrading. The existing researches pay more attention to technological upgrading and functional upgrading against the background of intra – product specialization, but the theoretical analysis of inter – sectoral upgrading is not deep and systematic enough. In this thesis, the three upgrading types are comprehensively studied, and the influence mechanisms of intra – product specialization on high efficiency upgrading, servitization, and high – end upgrading of China's equipment manufacturing industry are discussed respectively, which is conducive to the systematic and theoretical studies of the influence of intra – product specialization on the upgrading of China's equipment manufacturing industry.

(2) This thesis builds panel data models and vector error correction model, comprehensively studies the influence of intra – product specialization on high efficiency upgrading, servitization, and high – end upgrading of China's equipment manufacturing industry through empirical researches. There are many empirical researches on the impact of intra – product specialization on high efficiency upgrading, but there are less empirical researches on the impact of intra – product specialization on servitization and high – end upgrading of equipment manufacturing industry, and there are even fewer empirical researches on servitization and high – end upgrading of China's equipment manufacturing industry. This thesis uses panel data of equipment manufacturing industry to build models, and empirically analyzes the influence of intra –

product specialization on high efficiency upgrading and servitization of China's equipment manufacturing industry. It also uses time series data to build vector error correction model, and empirically analyzes the influence of intra – product specialization on high – end upgrading of China's equipment manufacturing industry, which is helpful in comprehensively studying the influence of intra – product specialization on the upgrading of China's equipment manufacturing industry.

(3) This thesis draws new conclusions and puts forward targeted and feasible policy proposals. Most literatures take industry or manufacturing industry as the object of research, draw wide – ranging and general conclusions by theoretical and empirical researches, while few literatures draw comprehensive and specific research conclusions on different upgrading ways of China's equipment manufacturing industry. The results of this thesis show that improving the participation of intra – product specialization is conducive to promoting high efficiency upgrading and high – end upgrading of China's equipment manufacturing industry, but the impacts of intra – product specialization on servitization of China's equipment manufacturing industry is shown as positive effect in the early stage and negative effect in the later stage. On that basis, this thesis takes into consideration the development dilemma, restrictive factors and industrial development goals of China's equipment manufacturing industry against the background of intra – product specialization, and proposes targeted and feasible policy proposals which is of guiding significance for further promoting the upgrading of China's equipment manufacturing industry, especially the servitization.

目　录

第一章
导　论

第一节
研究背景与研究意义

一、研究背景

20 世纪 80 年代以来，伴随着经济全球化进程的不断推进，国际分工呈现出精细化、复杂化和片段化的特征，传统的产业间分工和产业内分工逐渐被取代，产品内分工成为国际分工的主要形式。产品内分工是将不同国家或地区的企业生产活动通过分散化的价值链活动联结起来的分工形式，具体表现为产品内分工体系中的各参与者以全球价值链上特定的生产工序为对象进行专业化生产。

在各国企业参与产品内国际分工的过程中，各参与主体的产品内分工地位的高低主要取决于在全球价值链中所参与的环节和工序的价值增值程度。从当前的产品内分工格局来看，发达国家是产品内分工的主导者，具备全球领先的研发能力和市场营销能力，占据全球价值链高端；新兴工业化国家拥有先进的制造技术，多数产业位于全球价值链中端，部分实力较强的产业已进入全球价值链高端；发展中国家在初始融入产品内分工体系时处于被支配地位，产业位于全球价值链低端，随着技术水平的不断提升，产品内分工地位有所提升，部分产业迈入全球价值链中端。产品内分工下各国企业利益分配的非均衡性突出，总的来看，发展中国家在产品内分工中的获利程度远低于发达国家，一些发展中国家为打破既有产品内分工格局，积极推进产业升级，加快向全球价值链中高端攀升。

改革开放以来，我国积极引进外资，利用低廉的劳动力、土地、资源等比较优势发展加工贸易，促使我国初步融入产品内分工体系。2001年加入世界贸易组织后，我国参与产品内分工的程度进一步加深，通过积极承接国际产业转移、发展国际代工，我国很快成为"代工大国"和"制造大国"。然而，由"制造大国"迈向"制造强国"之路却障碍重重。长期以来，我国大量企业嵌入"微笑曲线"最底端的加工组装环节，产品的科技含量和附加值低，在产品内分工中处于劣势地位。在全球价值链攀升过程中还不断受到发达国家企业的技术封锁与阻挠，从而被长期限制于微利化的低端制造环节。而在低端制造环节，我国又面临着越南等东南亚国家的竞争。由此看来，我国依靠国际代工模式驱动产业发展的路径已不可持续，产业升级亟需探索新的路径。

近年来，在制造业领域内装备制造业的重要性日益凸显。装备制造业作为制造业的基础和核心，它的发展水平是衡量一国经济实力和科技水平的重要标志，也是产品内分工下各国产业竞争的关键环节。随着我国参与产品内分工程度的不断加深，如何加快实现装备制造业升级已成为当前我国必须高度重视的关键性问题。现阶段，我国正处于加快装备制造业升级的关键时期。2010 年 10 月，我国发布了《关于加快培育和发展战略性新兴产业的决定》，将高端装备制造业列入战略性新兴产业，强调要将其培育成先导产业和支柱产业，推进产业结构持续优化[①]。2016 年 4 月，我国发布了《装备制造业标准化和质量提升规划》，

① 资料来源于中国政府网。

作为对接《中国制造 2025》的重要文件，详细规划了装备制造业到 2020 年和 2025 年的发展目标，提出要加快装备制造业提质增效步伐，促进装备制造业向中高端迈进。近年来，我国装备制造业升级卓有成效，装备制造业企业的研发投入力度和自主创新水平大幅提升，装备制造业已成为推动制造业产品研发与技术创新的主力军；高端装备制造业领域屡有突破，天宫、悟空、墨子、国产大型客机 C919 等重大科技成果相继问世，高铁制造技术已位居世界前列。但从总体来看，我国装备制造业发展仍存在“大而不强”“大而不优”的问题，高端装备制造业在产品内分工中的地位偏低，核心技术和关键零部件的对外依赖性较强，在很多领域中仅处于“跟随者”的地位，距成为“主导者”仍需较长时间。2018 年美国制裁中兴事件为我国敲响了警钟，我国有必要进一步探索装备制造业升级路径，有效提高我国装备制造业的产品内分工地位。

二、研究意义

产品内分工下产业升级问题是产业经济学领域内研究的核心问题。随着近年来我国装备制造业在国民经济中的重要性日益凸显，产品内分工背景下如何加快装备制造业升级已成为当前我国产业发展关注的焦点，关于产品内分工与中国装备制造业升级问题的研究具有十分重要的理论和现实意义。

（一）理论意义

1. 深化和拓展产业升级理论。本书以产品内分工理论和产业升级理论为基础理论，以装备制造业为研究对象，在梳理国内外现有研究的基础上，探讨和总结产品内分工下装备制造业升级的类型，即技术升级、功能升级、链条升级，并提出装备制造业高效化、服务化、高端化升级路径，有助于明确装备制造业升级的实现路径，对产品内分工下装备制造业升级问题的研究提供理论支撑。

2. 对有关产品内分工与装备制造业升级关系的理论研究形成有效

补充。本书分别讨论产品内分工对我国装备制造业高效化、服务化、高端化的影响机理，有助于全面考察产品内分工对我国装备制造业升级的作用机理。同时，结合中国装备制造业发展的现实情况，系统分析产品内分工下我国装备制造业升级的制约因素，从而丰富了中国装备制造业升级理论，为产品内分工下中国装备制造业升级问题的理论研究形成有效补充。

（二）现实意义

1. 有利于我国装备制造业摆脱发展困境，加快推进升级步伐。装备制造业作为工业的心脏和基石，其在国民经济发展中的重要性日益凸显。然而，随着我国经济发展进入“三期叠加”时期，目前我国装备制造业发展高速增长的势头有所放缓。同时，随着发达国家“再工业化”战略的实施以及以东南亚国家加工贸易的崛起，使我国企业面临严峻的国际市场竞争形势，加大了我国装备制造业全球价值链攀升的难度。在产业发展过程中，我国装备制造业产品内分工地位偏低、国际竞争力不强等问题突显，亟待进一步升级。目前，关于产品内分工下如何加快我国装备制造业升级的探讨具有急迫性和必要性。对此，本书分析当前我国装备制造业发展面临的困境，并进一步考察产品内分工下我国装备制造业升级的制约因素，有针对性地解决相关问题，促使我国装备制造业走出困境，加快推进升级步伐。

2. 为加快我国装备制造业升级提出可行性的政策建议。本书通过产品内分工对我国装备制造业高效化、服务化、高端化的影响进行实证研究并得出相关结论，结合我国装备制造业发展困境、制约因素和产业发展目标，提出具有可行性的政策建议，为产品内分工下加快我国装备制造业高效化、服务化、高端化升级指明了方向，具有较为重要的现实指导意义。

第二节 基本概念界定

一、产品内分工

产品内分工兴起于20世纪中期，至20世纪80年代以后，产品内分工逐渐取代产业间分工和产业内分工，成为国际分工的主要形式。“产品内分工”的概念由Arndt（1997）首次提出，用来说明国际分工深化到产品生产流程中的特定工序或区段的新型分工现象。

产品内分工是指产品的生产过程分解为若干连续的生产环节或工序，各环节或工序由多个国家或地区分工完成的国际分工形式。产品内分工的特征主要表现为：第一，发达国家跨国公司是推进产品内分工的主要力量。产品内分工的深入推进是发达国家跨国公司生产组织形式变革的结果，跨国公司为实现利润最大化目标，在全球范围内组织分工和配置资源，将具备不同要素禀赋优势的国家和地区纳入统一的产品内国际分工体系，向新兴工业化国家和发展中国家进行国际产业转移，从而扩大了产品内分工的范围，推进了产品内分工体系的发展进程。第二，产品内分工下各国企业利益分配的非均衡性突出。在产品内分工体系中，发达国家跨国公司凭借技术、人力资本等方面的优势，成为产品内分工体系的主导者，在全球价值链上主要承担着高附加值、高利润环节的生产，如研发、产品设计、品牌推广等；新兴工业化国家的企业利用其先进的制造技术水平，主要从事位于全球价值链中高端的关键零部件制造、市场营销等环节，在产品内分工中获得较多利润；发展中国家企业利用本国低廉的劳动力优势，主要参与全球价值链上低附加值环节的生产活动，如标准化零部件生产、加工组装等。从总体来看，发展中国家企业在产品内分工中的获利程度远低于发达国家。

二、装备制造业

装备制造业是为国民经济发展和国防建设提供技术装备的产业，它是制造业的基础和核心，是衡量一国经济实力和科技水平的重要标志，对推动我国经济发展、加快我国工业化进程起到重要作用。

与制造业的其他行业相比，装备制造业具有以下特征：首先，装备制造业被称为“工业的心脏”和“国民经济的生命线”，装备制造业内部的多个行业拥有其他制造业行业无法比拟的重要地位。其中，高端装备制造业被列为国家战略性新兴产业之一，航空航天器制造业、电子及通信设备制造业、电子计算机及办公设备制造业、医疗器械及仪器仪表制造业等被列为高技术产业。由此看来，装备制造业在制造业的各行业中占有非常重要的战略地位，是国民经济发展的重要基石。其次，从总体来看，装备制造业的产业附加值较高，且属于技术密集型和资本密集型行业，其发展过程中需要投入大量的技术、知识、资金、人力资本等要素作为支撑，以促进其持续发展。最后，装备制造业为国民经济各部门的生产活动提供母机，因此具有较强的产业关联效应和产业扩散效应，装备制造业升级对其他产业的发展具有明显的带动作用。

在装备制造业的分类方面，根据《2017 年国民经济行业分类（GB/T 4754 - 2017）》的分类标准，装备制造业包括：金属制品业，通用设备制造业，专用设备制造业，汽车制造业，铁路、船舶、航空航天和其他运输设备制造业，电气机械和器材制造业，计算机、通信和其他电子设备制造业，仪器仪表制造业。各行业包含的具体类别见附表一。

三、产业升级

产业升级是指产业结构的改善和产业素质与效率的提高过程。Humphrey 和 Schmitz（2002）认为，产品内分工下产业升级的类型包括：（1）流程升级（process upgrading），即通过重组生产系统或引进先进技术，能更有效率地将投入转换成产出；（2）产品升级（product upgrading)，即通过移入更复杂的生产线，增加单位产品的价值来实现升级；（3）功能升级（functional upgrading），即获得价值链上的新功能（如设计或营销）或者放弃旧功能来实现升级；（4）链条升级（又称“跨部门升级”）（inter - sectoral upgrading），即移向新的产业价值链的过程。涂颖清（2010）认为产业升级的类型包括：（1）同一产品分工链上的升级，即转移增值能力低的环节，重新组合生产要素，进入增值能力强的价值环节，主要表现为沿着产品分工链向上游延伸或向下游延伸；（2）同一产业内产品结构的升级，即由劳动密集型产品向资本密集型产品和技术密集型产品升级；（3）不同要素密集度产业间的升级，即由劳动密集型产业向资本密集型产业和技术密集型产业升级。

本书借鉴 Humphrey 和 Schmitz（2002）、涂颖清（2010）等学者的观点并进行整合，本书认为，产品内分工下产业升级的类型主要包括：（1）技术升级，即通过应用新技术、改造旧工艺等方式提高生产率和产品质量的过程，在狭义上表现为某一工序、环节上的工艺升级，在广义上表现为生产系统上的技术进步；（2）功能升级，即由全球价值链的低附加值环节向高附加值环节攀升的过程，表现为由“微笑曲线”最底端的制造环节向“微笑曲线”两端的研发环节和营销环节延伸；（3）链条升级，即由低附加值产业价值链向高附加值产业价值链的跃升过程，表现为由低技术制造业向高技术制造业升级。

第三节 研究内容、框架与方法

一、研究内容

本书围绕产品内分工与装备制造业升级问题展开研究，共由七章组成：

第一章导言，主要阐述论文的研究背景、研究意义、研究内容与框架、研究方法、主要创新点与不足，并对本书的核心概念——产品内分工、装备制造业、产业升级加以界定。

第二章基础理论与文献综述，梳理与本书研究相关的基础理论，主要包括全球价值链理论、产品内分工理论、产业升级理论，为后文的研究奠定理论基础。同时，从产品内分工与产业升级、产品内分工与生产率、产品内分工与制造业服务化等几方面进行国内外文献综述，评述目前研究的现状与不足，为本书的研究找到切入点。

第三章中国装备制造业发展概况，在阐述我国装备制造业发展历程与现状的基础上，进一步揭示当前我国装备制造业在发展过程中面临的困境。

第四章理论分析部分，在现有研究的基础上，探讨产品内分工下装备制造业升级的类型及其实现路径，分别考察产品内分工对我国装备制造业高效化、服务化、高端化的影响机理，并在此基础上分析产品内分工下制约我国装备制造业升级的国际因素和国内因素。

第五章产品内分工与中国装备制造业升级的测度，分别构建相关指标对我国装备制造业产品内分工程度、高效化程度、服务化程度、高端化程度进行测度，以考察我国装备制造业产品内分工和升级情况，为后文的实证研究提供数据支持。

第六章实证研究部分，通过构建相关模型分别考察产品内分工对我国装备制造业高效化、服务化、高端化升级的具体影响，从而对第四章的理论分析进行检验。

第七章结论和政策建议，对本书得出的主要结论进行总结，并提出相关政策建议，以加快我国装备制造业升级步伐、提高产品内分工地位。

二、研究框架

本书在梳理相关理论和文献的基础上，首先，阐述我国装备制造业发展历程与现状，分析我国装备制造业在发展过程中面临的困境；其次，探讨产品内分工下装备制造业升级类型及其实现路径，分析产品内分工对我国装备制造业升级的影响机理和制约因素；再次，分别测度我国装备制造业产品内分工程度、高效化程度、服务化程度、高端化程度，并对产品内分工对我国装备制造业高效化、服务化、高端化升级的影响进行实证研究；最后，综合上述理论分析与实证分析得出结论并提出相关政策建议。本书的研究框架如图 1－1 所示。

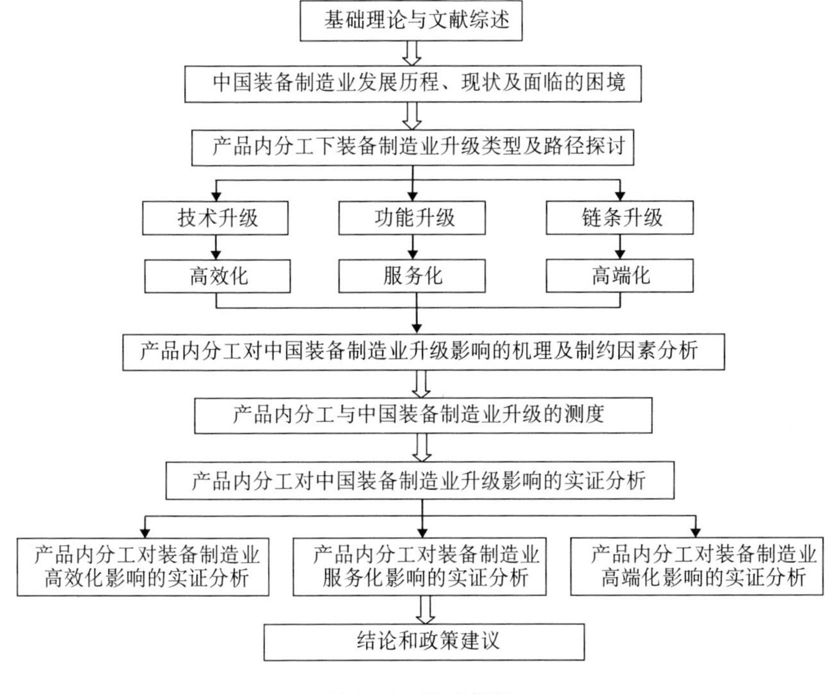

图 1－1　研究框架

三、研究方法

（一）定性研究与定量研究相结合

本书采用定性研究与定量研究相结合的方法。在定性研究方面，运用历史分析法，考察中国装备制造业发展历程，有助于认清当前我国装备制造业发展所处阶段及面临的问题；运用系统分析法，从装备制造业高效化、服务化、高端化三个方面来综合考察装备制造业升级问题，进而通过理论研究和实证研究综合分析产品内分工对我国装备制造业升级的影响。在定量研究方面，本书选取绿色全要素生产率、平均服务业务数量、高技术装备制造业比重分别作为装备制造业高效化、服务化、高端化测度指标，测度结果可以较为全面地反映我国装备制造业的升级情况。

（二）规范研究与实证研究相结合

本书采用规范研究与实证研究相结合的方法。在规范研究方面，探讨产品内分工下装备制造业升级的类型及路径，从高效化、服务化、高端化三个角度分析产品内分工对我国装备制造业升级的影响机理。在实证研究方面，通过构建面板数据模型和向量误差修正模型（VEC 模型），对产品内分工对我国装备制造业高效化、服务化、高端化的影响进行实证研究，从而综合考察产品内分工对我国装备制造业升级的影响。

第四节 创新点与不足之处

一、创新点

第一，对产品内分工下装备制造业升级的理论分析较为独特并且有一定深度。本书在国内外现有研究的基础上，探讨产品内分工下装备制造业升级的类型及其实现路径，提出将装备制造业高效化、服务化、高端化分别作为技术升级、功能升级、链条升级的实现路径。现有文献较多关注产品内分工下技术升级和功能升级问题，而对链条升级的理论分析还不够深入、系统。本书较为全面地考察这三类升级情况，分别讨论产品内分工对我国装备制造业高效化、服务化、高端化的作用机理，有助于从理论上系统考察产品内分工对我国装备制造业升级的影响机理。

第二，运用实证方法构建面板数据模型和向量误差修正模型，综合考察产品内分工对我国装备制造业高效化、服务化和高端化的影响，分析较为全面。现有文献关于产品内分工对生产率高效化影响的实证研究较多，而关于产品内分工对制造业产出服务化和产业内结构高端化影响的实证研究较少，针对我国装备制造业服务化和高端化的实证研究更少。本书利用装备制造业行业面板数据构建模型，实证分析产品内分工对我国装备制造业高效化和服务化的影响；同时，利用时间序列数据构建向量误差修正模型（VEC 模型），对产品内分工对我国装备制造业高端化的影响进行实证研究，有助于全方位地考察产品内分工对我国装备制造业升级的影响。

第三，根据研究结论提出相应的政策建议具有新意。现有文献较多以工业行业或制造业为研究对象，通过理论和实证研究得出广泛性、一般性的结论，而较少有文献针对我国装备制造业的不同升级路径得出全面、具体的研究结论。本书的研究结果显示，深化产品内分工参与度有利于促进我国装备制造业高效化和高端化发展，但产品内分工对我国装备制造业服务化的影响，前期表现为推动效应，后期表现为抑制效应。据此，本书结合我国装备制造业发展困境、制约因素和产业发展目标，提出具有针对性和可行性的政策建议，对进一步促进我国装备制造业升级，特别是服务化升级具有重要的指导意义。

二、不足之处

本书围绕产品内分工与中国装备制造业升级问题进行理论和实证研究，但由于数据资料和作者研究能力的限制，本书在以下方面存在不足，有待进一步研究和完善：

第一，本书关于产品内分工对我国装备制造业升级影响的机理分析还较为粗浅薄弱，有待进一步构建数理模型对影响机理进行深入探讨。

第二，由于数据资料缺失和获取数据方法的局限性，对产品内分工程度和装备制造业升级的测度方法还有待改进。例如，在对制造业服务化的测度过程中，由于公开服务业务收入的上市公司数量较少，且多数年份数据缺失，本书仅选取企业提供的服务业务数量作为服务化指标，而未将服务业务收入比重纳入服务化指标，在测度结果上可能存在一定偏差。

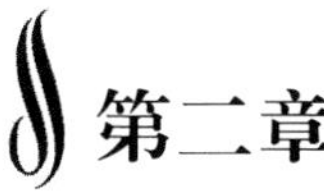

第二章 基础理论与文献综述

本章主要阐述研究的基础理论与文献综述。通过梳理与本书研究相关的基础理论，为后文的研究提供理论支撑。同时，从产品内分工与产业升级、产品内分工与生产率、产品内分工与制造业服务化等几个方面进行国内外文献综述，评述目前国内外研究的现状及不足，为本书的研究找到切入点。

第一节 基础理论

本节重点阐述与本书研究相关的基础理论，包括全球价值链理论、产品内分工理论和产业升级理论。

一、全球价值链理论

全球价值链理论是以20世纪80年代迈克尔·波特（Michael E. Porter）提出的价值链理论为基础发展形成的。迈克尔·波特在《竞争优势》（1985）一书中首次提出了价值链（Value Chain，VC）的概念，他将价值链定义为“价值链是企业在一个特定产业内的各种活动的组合”，包括生产经营、市场营销、服务等基本活动和人力资源、技术等辅助活动，共同构成企业创造价值的链条。[①] 从这一定义来看，波特所阐述的价值链更多是从企业层面出发，强调单个企业内部的价值创造活动，主要指的是企业价值链。

20 世纪 90 年代以来，随着经济全球化进程的不断加速，对于价值链问题的研究逐渐扩展到国际层面。在“全球价值链”这一术语被正式提出之前，Gereffi 和 Korzeniewicz（1994）率先提出了“全球商品链”（Global Commodity Chain，GCC）的概念，详细阐述了全球商品链的形成过程，指出随着经济全球化进程的推进，商品的生产过程被分解为不同阶段，围绕某种商品的生产形成一种跨国生产体系，进而形成了全球商品链。[②] 此后，Gereffi 和 Kaplinsky（2001）用“全球价值链”（Global Value Chain，GVC）替代了“全球商品链”，正式搭建了全球价值链的理论框架，从全球价值链的内涵、全球价值链治理等方面进行了系统的研究和分析[③]，为此后全球价值链理论的发展奠定了重要基础。

（一）全球价值链的内涵

Gereffi 和 Kaplinsky（2001）认为，全球价值链是产品从概念到成品再到报废的一系列生产活动，全球价值链的不同生产工序由两个以上国家的不同企业之间分工负责，参与者可包括本地、本国、区域、国外企业。[④] 联合国工业发展组织（UNIDO）指出，全球价值链是指在全球范围内连接产品或服务的设计、生产制造、市场营销、消费、售后服务、回收处理等整个生产流程而形成的全球企业生产网络。[⑤] Gereffi 和

---

① 迈克尔·波特，陈小悦译：《竞争优势》，华夏出版社 1997 年版，第 36－37 页。

② Gereffi G.，Korzeniewicz M. Commodity Chains and Global Capitalism［M］. Praeger Publishers，1994.

③ Gereffi G.，Kaplinsky R. Introduction：Globalisation，Value Chains and Development. IDS Bulletin，2001，32（3）：1－8.

④ Gereffi G.，Kaplinsky R. Introduction：Globalisation，Value Chains and Development. IDS Bulletin，2001，32（3）：1－8.

⑤ UNIDO. Inserting Local Industries into Global Value Chains and Global Production Networks：Opportunities and Challenges for Upgrading with a Focus On Asia［R］. United Nations Industrial Development Organization，2004.

Fernandez（2016）认为，全球价值链是指在全球企业网络中进行的价值增值活动，即产品由概念到最终使用及处置的一系列生产活动，具体包括研发、设计、生产、营销、售后等工序。[①] 综合来看，Gereffi 和 Kaplinsky（2001）将全球价值链仅仅定义为由多个生产工序所构成的一系列生产活动，但对于全球不同国家企业间的联系表述得不是很清晰。UNIDO（2004）强调了全球价值链分工下形成的全球企业生产网络，但对于价值增值问题没有具体阐述。相较而言，Gereffi 和 Fernandez（2016）定义得更为全面，包含了全球价值链分工的价值增值特征，是全球价值链的标准定义。

（二）全球价值链动力机制理论

全球价值链动力机制主要是由生产者驱动和购买者驱动所组成的二元驱动机制。前者主要强调生产者主体在全球生产网络中的驱动作用。后者则强调大型零售商、品牌授权公司等跨国公司在全球生产网络中的驱动作用（Gereffi，1999）[②]。在生产者驱动下全球价值链中的价值增值部分流向生产领域，而在购买者驱动下价值增值流向流通领域（Henderson，1998）[③]。张辉（2006）在二元动力论的基础上，进一步提出了全球价值链三元动力机制，即除了生产者、购买者驱动外，还存在一些产业链同时兼备生产者和购买者驱动特征，这种混合型驱动机制的代表产业是计算机产业，这一提法进一步丰富了全球价值链动力机制理论[④]。

（三）全球价值链治理理论

Humphrey 和 Schmitz（2000）强调价值链治理处于全球价值链上的

① Gereffi G.，Fernandez - Stark K. Global Value Chain Analysis：A Primer［R］. Center on Globalization，Governance & Competitiveness，Duke University，2016.

② Gereffi G. International Trade and Industrial Upgrading in the Apparel Commodity Chain［J］. Journal of International Economics，1999（48）：37 - 70.

③ Henderson J. Change and Opportunity in the Asia - Pacific［C］. Thompson G. Economic Dynamism in the Asia - pacific. London：Routledge，1998.

④ 张辉："全球价值链动力机制与产业发展策略"，《中国工业经济》，2006 年第 1 期，第 40 - 48 页。

核心地位，将全球价值链治理视为一种制度安排，通过协调价值链上各企业的关系，来实现价值链上不同环节间的非市场化调整。[①] 对于全球价值链治理模式的划分，Humphrey 和 Schmitz（2002）进行了三层次划分，包括网络型、准层级型和层级型。[②] Gereffi 等（2003）更为细致地拓展为五层次划分，包括市场型、模块型、关系型、俘获型和层级型，是全球价值链治理模式比较经典的划分方法。[③]

二、产品内分工理论

20 世纪中后期，国际分工形式逐渐由产业间分工和产业内分工转向以产品内分工为主导的国际分工模式。Arndt 是产品内分工理论的奠基者之一，正式提出产品内分工（Intra - product Specialization）的概念，用以说明国际分工深化到产品生产流程中的特定工序或区段的新型分工现象（Arndt，1997）。[④]

（一）产品内分工的内涵

产品内分工是一种特殊的经济国际化演进过程或展开结构，其核心内涵是特定产品生产过程的不同区段或工序通过空间分散化扩展为跨国生产链条，因而有越来越多的国家被卷入特定产品生产过程不同环节或片段的生产与供应活动（卢锋，2004）。[⑤] 产品内分工的实现需满足以下条件：一是产品是由两个或两个以上连续阶段进行生产的；二是两个或两个以上的国家在商品生产过程中创造附加值；三是至少有一个国家必须在其生产所处的阶段中使用进口投入品，而且一部分产出必须出口

---

① Humphrey J.，Schmitz H. Governance and Upgrading：Linking Industrial Cluster and Global Value Chain［R］. IDS Working Paper，2000.

② Humphrey J.，Schmitz H. How Does Insertion in Global Value Chains Affect Upgrading in Industrial Clusters［J］. Regional Studies，2002，36（9）：1017 - 1027.

③ Gereffi G.，Humphrey J.，Sturgeon T. The Governance of Global Value Chains［J］. Review of International Political Economy，2005，12（1）：78 - 104.

④ Arndt S. W. Globalization and the Open Economy［J］. The North American Journal of Economics and Finance，1997，8（1）：71 - 79.

⑤ 卢锋："产品内分工"，《经济学（季刊）》，2004 年第 4 期，第 55 - 82 页。

(Hummels 等，2001)。[1] 产品内分工的基础和源泉是比较优势和规模经济，决定产品内分工强度的四大因素是生产过程不同工序的空间可分离性、不同生产工序要素投入比例差异性、不同生产区段的有效规模差异度、跨境进行生产活动的交易成本（卢锋，2004)。[2]

（二）产品内分工产生的动因

产品内分工产生的动因有：一是企业出于战略性动机考虑，当一家企业向外国企业购买中间产品时，两家企业在本国最终产品市场上竞争的动机会削弱，因为外国企业会考虑其在最终产品市场上的行为对其来自中间产品的那部分利润的影响。二是企业出于成本竞争的需要，企业可通过生产国际分割来节约生产的可变成本，提高竞争力，成本竞争的结果可能带来更细致垂直的劳动分工（喻春娇，2009)。[3]

（三）产品内分工的基础

产品内分工理论认为，产品内分工的基础是比较优势，但产品内分工理论与李嘉图比较优势理论分析中比较优势的表现不尽相同。李嘉图比较优势理论分析中的比较优势主要表现在不同的产品上，而产品内分工理论分析中的比较优势则表现在产品的不同生产环节或工序上（高敬峰，2007)。[4] 全球价值链上不同生产工序对各国企业要素禀赋的要求不同，产品内分工体系下的各参与者结合自身比较优势嵌入全球价值链，从事劳动密集型工序、资本密集型工序或技术密集型工序，从而充分发挥各自比较优势，节约生产成本。拥有劳动力比较优势的国家主要从事简单加工组装等劳动密集型生产工序，资本充裕的国家从事零部件制造等资本密集型生产工序，技术领先的国家从事技术研发等技术密集型生产工序（涂颖清，2010)。[5]

---

① Hummels D., Ishii J., Yi K. M. The Nature and Growth of Vertical Specialization in World Trade [J]. Journal of International Economics, 2001, 54 (1): 75-96.

② 卢锋：“产品内分工”，《经济学（季刊)》，2004 年第 4 期，第 55-82 页。

③ 喻春娇：《产品内分工问题研究》，湖北人民出版社 2009 年版，第 45 页。

④ 高敬峰：“国外产品内分工理论研究综述”，《经济纵横》，2007 年第 4 期，第 85-87 页。

⑤ 涂颖清：“全球价值链下我国制造业升级研究”，复旦大学，2010 年。

三、产业升级理论

产业升级是产业经济学研究的重点问题之一，产业升级理论主要围绕产业结构升级、全球价值链下产业升级等问题展开研究。

（一）产业结构升级理论

产业结构是指国民经济中产业部门之间与产业部门内部的组织与构成状况。产业结构升级理论主要研究产业结构由低水平状态向高水平状态的发展过程。弗朗索瓦·魁奈是产业结构升级理论的奠基者，他在《经济表》中指出农业与工业间的资源流通是再生产过程中的最基本因素。[①] 霍夫曼指出工业结构演变规律，即随着工业化进程的不断推进，资本品部门的比重逐渐上升，最终超过消费品部门所占比重。威廉·配第和克拉克通过考察劳动力在产业间转移情况，指出随着人均国民收入的提高，劳动力首先由第一产业向第二产业转移，进而向第三产业转移。罗斯托提出经济成长阶段理论，指出主导产业随经济成长阶段变化而变化，主导产业具有较强的扩散效应，对经济发展起着重要影响。此外，还有很多国内学者提出产业结构升级的相关理论。[②] 苏东水指出，产业结构升级的主要表现为：产业结构发展顺着第一产业、第二产业、第三产业优势地位顺向递进的方向演进；产业结构发展顺着劳动密集型产业、资本密集型产业、技术密集型产业分别占优势地位的方向演进；产业结构由低附加值产业向高附加值产业方向演进。[③]

（二）全球价值链下产业升级理论

在 Humphrey 和 Schmitz（2000）提出“全球价值链”的概念后，关于产业升级问题的研究更多放在全球价值链框架下进行讨论。全球价

---

① （法）弗朗索瓦·魁奈，晏智杰译、《魁奈〈经济表〉及著作选》，华夏出版社 1997 年版，第 213 - 218 页。

② 罗斯托，郭熙保、王松茂译：《经济增长的阶段》，中国社会科学出版社 2012 年版，第 4 - 73页。

③ 苏东水：《产业经济学（第三版）》，高等教育出版社 2010 年版，第 172 - 188 页。

值链下产业升级理论重点研究在国际分工深入推进过程中，产业在全球价值链上或不同价值链之间的攀升过程。全球价值链下产业升级是生产者通过参与到全球价值链的某些具体环节而获取进入新的细分市场的能力。全球价值链下产业升级主要包括以下四种类型：一是流程升级，即通过重组生产系统或引进先进技术，更有效率地将投入转换成产出；二是产品升级，即通过移入更复杂的生产线，增加单位产品的价值来实现升级；三是功能升级，即获得价值链上的新功能（如设计或营销）或者放弃旧功能来实现升级，主要表现为由全球价值链“微笑曲线”底端的低附加值环节向两端的高附加值环节攀升；四是链条升级（又称“跨部门升级”），即移向新的产业价值链的过程，主要表现为由低附加值产业价值链向高附加值产业价值链攀升（Humphrey 和 Schmitz，2002）。[①]

第二节
文献综述

本节主要梳理国内外相关文献，一是产品内分工与产业升级的相关研究，主要包括产品内分工下产业升级的内涵与类型、产品内分工对产业升级的影响、产品内分工与产业结构升级研究等方面；二是产品内分工与生产率的相关研究，国内外学者主要从产品内分工对劳动生产率的影响、产品内分工对全要素生产率的影响两方面进行广泛讨论；三是产品内分工与制造业服务化的相关研究，主要包括产品内分工与制造业投入服务化研究、产品内分工与制造业产出服务化研究等。在此基础上进行文献评述，总结国内外研究成果对本书研究提供的有益启示，分析现有研究的不足之处，从而为本书的进一步研究提供方向。

---

① Humphrey J.，Schmitz H. How Does Insertion in Global Value Chains Affect Upgrading in Industrial Clusters［J］. Regional Studies，2002，36（9）：1017－1027.

一、国外研究综述

（一）产品内分工与产业升级的相关研究

随着产品内分工程度的不断深入，其对国际产业竞争格局和各国产业发展的影响日益凸显，产品内分工下的产业升级问题获得了学术界的广泛关注。国外学者的研究主要集中于产品内分工下，产业升级的内涵与类型、产品内分工对产业升级的影响、产品内分工与产业结构升级研究等方面。

1. 产品内分工下产业升级内涵与类型的研究。Ernst（2001）认为，“专业化”和“一体化”是产业升级的本质。基于此，他将产业升级划分为五种类型：一是产业间升级，即从低附加值产业向高附加值产业升级的过程，如从轻工业向重工业和高技术产业的升级；二是要素间升级，即生产要素从“自然资本”向“物质资本”“人力资本”和“社会资本”升级；三是需求升级，即消费从“必需品”向“便利品”再向“奢侈品”升级的过程；四是功能升级，即在价值链中，从销售向最终装配和测试，再向零部件制造、设计、产品开发、系统集成等升级；五是前向和后向链接升级，即从有形的、商品类生产投入，向无形的、知识密集型支持服务升级。Humphrey 和 Schmitz（2002）将产业升级定义为生产者通过参与到价值链的某些具体环节而获取进入新的细分市场的能力，并提出了产业升级的四种模式：一是流程升级，即通过重组生产系统或引进先进技术，更有效率地将投入转换成产出；二是产品升级，即通过移入更复杂的生产线，增加单位产品的价值来实现升级；三是功能升级，即获得价值链上的新功能（如设计或营销）或者放弃旧功能来实现升级；四是链条升级（又称“跨部门升级”），即移向新的产业价值链的过程。Gereffi 和 Fernandez – Stark（2016）对产业升级的类型加以补充和完善，提出了新观点：首先是融入价值链，即企业初次参与本国、区域或全球价值链；其次是后向关联升级，即产业中的本地企业（包括国内和国外企业）开始给其他公司（通常是跨国公司）

供应可供交易的投入品或服务；最后是终端市场升级，即转向更新、标准更严格或更大的市场。

2. 产品内分工对产业升级影响的研究。在理论研究方面，Feenstra 和 Hanson（1997）从外包的角度考察了产品内分工对产业升级的影响，并指出在某一产业产品生产过程中，发达国家跨国公司将低附加值的生产环节外包给发展中国家进行生产，跨国公司本身则保留附加值较高的生产环节，双方从事产品生产价值链中的不同环节，进而导致参与国非熟练劳动和熟练劳动之间的相对工资差距以及相对就业差距扩大，同时也促进了发展中国家产业升级。Gereffi（1999）指出，嵌入全球生产链条是发展中国家进一步获得产业升级的机会。Pietrobelli（2011）指出，加入全球价值链环节并依托价值链实现国内产业升级已成为产业发展的趋势之一，发展中国家产业可以从价值链中获取产业发展所需的知识技能，提高创新能力。

在实证研究方面，Schmitz 和 Knorringa（2000）对多个国家制鞋产业进行研究，分析了全球价值链分工领导者与当地企业升级关系，分析了购买者与制造商之间的积极和消极因素。Bazan 和 Navas - Alemán（2004）以巴西鞋业集群 Sinos Vally 为研究对象进行实证研究，研究发现，进入的产业价值链治理者（本国、欧洲、美国和拉丁美洲）决定了其产业升级模式：美国主导的产业价值链层级性最强，流程升级速度最快，但功能升级较为少见；欧洲主导的产业价值链层级性较美国更低，功能升级程度比美国更高；拉丁美洲和本国主导的产业价值链层级性最低，功能升级程度最高，产品升级和流程升级程度较低。

3. 产品内分工与产业结构升级的研究。国外文献关于产品内分工与产业结构升级的研究中，Humphrey 和 Schmitz（2000、2002）提出的产业升级理论，将产业升级类型分为流程升级、产品升级、功能升级和链条升级四种模式。其中，链条升级涉及产业结构升级问题，在链条升级过程中，企业利用在原有价值链特定环节上获得的竞争优势，向新的产业价值链升级。一般来说，产业升级遵循着工业流程升级→产品升级→功能升级→链条升级的升级轨迹。作为产品内分工背景下最高层次的产业升级模式，链条升级描述了全球价值链下产业向新的、价值更高的价值链的移动过程，可理解为由低技术、低附加值向高技术、高附加值产业升级的过程。然而，Humphrey 和 Schmitz（2002、2004）提出的产业升级理论重点阐述的是前三种模式（即流程升级、产品升级、功能升级）的表现、实践、机理，但对链条升级并未做过多表述和深入讨论。Ernst（2001）提出了全球生产网络下产业间升级（Inter - industry upgrading）的概念，它是指由低附加值产业向高附加值产业升级的过程，即产业结构升级。但它仅作为产业升级的分类之一来提出，并未深入分析产品内分工与产业间升级之间的关系。

（二）产品内分工与生产率的相关研究

生产率是指生产过程中投入转化为产出的效率，反映了生产要素的有效利用程度[①]。不同文献对生产率的界定不同，有一些学者研究的是产品内分工对劳动生产率的影响，另一些学者研究的是产品内分工对全要素生产率的影响。

劳动生产率是指劳动者在单位时间内生产产品数量或单位产品消耗的劳动时间，反映了劳动的生产效率。在产品内分工对劳动生产率影响的研究方面，Görzig 和 Stephan（2002）利用德国 1992—2000 年的企业数据进行实证研究，结果显示，外包对劳动生产率既有显著的影响。Görg 等（2004）利用爱尔兰制造业数据，考察了外包对劳动生产率的影响，研究表明，参与外包的企业拥有更高的劳动生产率，可能的原因：一方面在于国际生产网络的成员企业在国外寻找潜在供应商的成本更低；另一方面在于规模经济效应带来更低的单位成本，从而使参与外包的企业享有竞争优势，获得更多利益。Egger H. 和 Egger P.（2006）首次讨论了国际外包对欧盟制造业低技能劳动力生产率的影响。在短期，国际外包对每名低技能劳动力的实际增加值产生负向的边际效应，而长期则有着正向影响，这可能是由于欧洲劳动力和产品市场不完善造成的。1993 年后外包强度的变化导致每名低技能劳动力的实际增加值产生约 6% 的长期影响。

---

① 周五七：《基于低碳发展的中国工业生产率增长研究》，中国财富出版社 2015 年版，第 45 页。

全要素生产率是反映经济增长质量的重要指标，它是指经济增长中不能归因于有形生产要素的增长部分，它的来源主要包括技术进步、效率改善等。在产品内分工对全要素生产率影响的研究方面，Girma 和 Görg（2004）利用英国制造业企业数据对外包全要素生产率的影响进行实证分析，实证结果显示，企业外包强度与全要素生产率增长之间呈正向关系。Amiti 和 Wei（2006）考察了 1992—2000 年美国制造业外包对生产率的影响，研究发现，一方面，服务外包对生产率的提高产生正向影响，这一时期约 11% 的生产率增长源于服务外包带来的积极效应；另一方面，投入品外包也对生产率产生正向影响，但其影响幅度较小。Windrum 等（2009）关注了外包生产率的悖论问题，通过考察外包与组织创新之间的联系，来解决外包生产率悖论，从而构建组织创新的模型，在这个模型中，管理者通过识别组织架构来提高生产率。对该模型的理论分析表明，大规模外包限制了未来组织创新的空间，导致生产率增长放缓。实证研究显示，外包在一定程度上造成企业全要素生产率增长的长期损失。

（三）产品内分工与制造业服务化的相关研究

随着产品内分工进程的不断深化，制造业服务化的趋势日益显现。一方面，生产性服务已作为一种重要的投入要素，对制造业升级起到较为重要的支撑作用；另一方面，制造业发展模式逐渐由“生产型制造”向“服务型制造”转变。当前，产品内分工下制造业服务化问题已越来越受到学术界的关注，国外学者主要从产品内分工与制造业投入服务化研究、产品内分工与制造业产出服务化研究两方面展开了广泛的讨论。

1. 产品内分工与制造业投入服务化的研究。制造业投入服务化是指服务要素（特别是生产性服务要素）在制造业生产过程中的中间投入比重不断提高的现象。国外学者对于产品内分工与制造业投入服务化的研究中，一些文献强调了服务的黏合剂作用，有助于产品内分工的顺利运转。Riddle（1986）提出，生产性服务业是促进其他部门增长的产业，是经济的“黏合剂”。OECD（经济合作与发展组织）2014 的研究指出，全球价值链分工背景下，产品与服务紧密融合，在服务化过程中，服务参与和链接价值链上各个生产环节，起到提高产品质量、降低成本和提升效率的作用。在一个案例研究中，一件价值450美元的中国制造并出口到美国的男式西装外套，其直接制造成本仅占其价值的9%，各类服务和知识产权等占其价值的91%。

2. 产品内分工与制造业产出服务化的研究。制造业产出服务化是指制造业产出中的服务产出比重不断提高的现象。国外学者在对产品内分工与制造业产出服务化的研究方面，Gereffi等（2003）提出了全球价值链分工中的俘获型治理模式，在这种模式下，全球价值链的主导企业会对研发设计、品牌渠道等进行严格控制，而被治理者缺乏核心竞争力，不利于功能升级的实现和服务化发展。Neely（2008）指出，为了在激烈的国际竞争中生存，制造业企业需要抛弃以成本为基础的竞争模式，而应加快向全球价值链高端攀升，创新和创造越来越复杂的产品和服务，这样它们就不必以成本为基础进行竞争。

二、国内研究综述

（一）产品内分工与产业升级的相关研究

关于产品内分工与产业升级关系的相关研究，国内学者的研究主要集中于产品内分工下产业升级的内涵与类型、产品内分工对产业升级的影响、产品内分工与产业结构升级研究等方面。

1. 产品内分工下产业升级内涵与类型的研究。潘悦、杨镭（2002）指出，产品内分工下的产业升级不仅局限在产业之间，更多体现在产业内部由劳动密集型环节向资本与技术密集型环节升级。孙文远（2006）认为，全球价值链分工下产业升级过程可能发生在同一链条之中或不同链条之间。涂颖清（2010）对Humphrey和Schmitz（2002）的产业升级理论进行了拓展性分析，认为全球价值链分工下产业升级的类型主要包括：一是同一产品分工链上的升级，即进入全球价值链中高附加值环节，主要表现为沿着产品分工链向上游延伸或向下游延伸；二是同一产业内产品结构的升级，即由劳动密集型产品向资本和技术密集型产品升级；三是不同要素密集度产业间的升级，即由劳动密集型产业向资本和技术密集型产业升级。

2. 产品内分工对产业升级影响的研究。在理论研究方面，魏国江（2008）从产业升级、产业持续发展能力、地区发展协调性三个视角考察了价值链分工及控制效应对我国产业结构优化的影响，并指出在价值链分工下，我国要进行产业结构优化，并不只是简单地由农业向工业、服务业升级，更重要的是要进入各产业的高端价值链，而且要处理好地域关系。马倩（2011）认为，产品内分工使比较优势深入产品的生产工序而不再局限于产品层面，从而扩大了比较优势的范围，各国积极参与产品内分工有利于改善一国制造业结构，促进制造业升级。姚志毅（2011）阐述了全球生产网络下产业升级理论，分别考察了嵌入生产率异质性企业的比较优势模型与产业升级、不完全契约下的产品生命周期理论与产业升级。

在实证研究方面，胡昭玲（2007）用实证检验了中国工业参与国际垂直专业化对不同行业竞争力的影响程度。结果表明，国际垂直专业化对资本和技术密集型行业的正向影响力高于对劳动密集型行业的影响力。张杰等（2007）通过对江苏省大样本调查问卷的分析得出，分工活动与技术创新强度之间呈现较为复杂的“U 型”非线性关系，代工企业受到俘获效应和锁定效应的负面作用影响。唐海燕、张会清（2009）通过对 40 个发展中国家进行实证研究，指出产品内分工对一国在全球价值链位置的提高具有显著的推动作用。

产品内分工对产业升级的影响机制，可概括为技术创新机制、技术引进机制、人力资本积累机制、生产性服务投入机制四个方面。

（1）技术创新机制。张小蒂、孙景蔚（2006）认为国际垂直专业化有利于劳动生产率和技术创新能力的提高，对产业竞争力产生了积极影响。傅元海等（2014）认为，技术进步是产业升级的根本动力。技术创新和国际技术转移是技术进步的重要路径，可通过对制造业产值和增加值的实际影响判断其对产业升级的作用。技术溢出对产业结构升级的作用，一方面受到市场化水平的影响；另一方面也受到吸收能力等因素的影响。

（2）技术引进机制。乔翠霞（2007）讨论了技术转移对工业结构升级的影响路径，一是技术效应，通过关联技术发展、技术本土化和自主创新影响工业结构升级；二是产业效应，通过关联产业发展、管理水平提高、经营模式改善影响工业结构升级。尚涛、郑良海（2013）认为，在国际代工生产中，发展中国家代工企业通过接入国际产业价值链，从而获得一定程度的技术转移与知识溢出，进而提高自身的技术能力。在产业升级驱动期，代工企业生产能力与技术的提高与产业价值链的核心企业密切相关。核心企业为了提升整体产业价值链竞争力，向代工企业转移生产技术和工艺。但在产业升级抑制期，核心企业会阻碍代工企业进行进一步的技术升级。其内在机理是：一方面，技术转移促进知识外溢，推动技术进步和产业升级；另一方面，代工企业生产能力与技术被跨国公司所控制，导致大量代工企业仅具备从事低端的加工组装能力，而缺乏产品研发和品牌销售能力，不利于产业升级。

（3）人力资本积累机制。曾春琼和朱轶（2016）、姚瑶和赵英军（2015）、卢福财和罗瑞荣（2010）、罗瑞荣（2011）等学者阐述了产品内分工下人力资本对制造业发展的影响。产品内分工在促进人力资本积累和就业方面的作用机制有：第一，跨国公司通过稳定的收入流减少人才外流，并为人力资本培养提供稳定的投资资本，通过增加对员工的培训力度，从而加快人力资本积累；第二，东道国企业在参与产品内分工的过程中，技术扩散促进东道国企业引进和使用新技术，从而对企业的人力资本水平提出了更高的要求。对此，东道国企业会增加对熟练劳动力的需求，而减少对非熟练劳动力的需求。同时，也有学者指出全球价值链分工对人力资本积累和就业的不利影响：跨国公司通过高工资吸引东道国企业的高技能劳动力，造成东道国企业人才流失，从而陷入低人力资本禀赋的锁定效应。罗瑞荣（2011）指出，一方面，人力资本通过要素供给影响劳动力市场供给结构，进而带动产业升级；另一方面，人力资本通过消费偏好的转化作用于消费需求结构，对产业升级形成重要的拉动作用。卢福财、罗瑞荣（2010）对产品内分工下产业高度和人力资源的关系进行研究，研究结果显示，第二产业人力资源是产业内分工高度的直接影响原因。姚志毅（2011）分析了人力资本供给对全球生产网络下产业结构升级的影响机制：人力资本供给促进知识创新、知识外溢和知识结构合理化，从而推动技术创新，促进产业创新和产业活力增强；人力资本供给推动需求结构提升，从而提升消费结构；人力资本空间分布结构可以反映出人力资本在劳动力市场和产业间的流动和配置情况，劳动力流动使其承载的知识、技术和劳动经验也得以传播，从而加速了产业转移和扩散速度。

（4）生产性服务投入机制。刘志彪（2008）从物质、行为、管理、制度四个层面分析了全球价值链下高级生产者服务业对制造业升级的作用机理。他认为，发达国家主要通过投入现代生产者服务所内含的技术、知识和人力资本，使产业结构趋于软化，从而占据全球价值链分工的顶端。白清（2015）认为，全球价值链分工下，生产向柔性专业化生产转变，将全球价值链上的各生产环节实现有效分离，促进研发、设计、咨询等生产性服务环节从制造业中独立出来。文章探讨了生产性服务促进制造业升级的机理：在生产性服务业与制造业的产业融合下，生产性服务业将知识、技术等高级要素注入制造业，通过制造业服务化丰富制造业的服务内容，从而提高制造业的附加值水平。

3. 产品内分工与产业结构升级的相关研究。国内文献关于产品内分工下产业结构升级问题主要分为两个层面进行讨论：产业间结构升级和产业内结构升级。产业间结构升级主要讨论产品内分工下三次产业结构高级化升级，产业内结构升级主要讨论产品内分工下产业内部结构由低技术、低附加值向高技术、高附加值产业升级。

（1）关于产品内分工下产业间结构升级的研究。国内学者在对产品内分工下产业间结构升级的研究方面，重点探讨了产品内分工对产业间结构升级产生的影响和机理。曾蓓、崔焕金（2011）认为，我国产业结构中工业比重过高而服务业比重相对过低，偏离一般国际经验，其原因在于全球价值链分工模式促进我国产业结构制造化演进，而加剧了服务业的滞后发展。崔焕金（2015）分析了全球价值链驱动型产业结构演进机理，认为它通过生产一体化机制实现产业全球化同时运作，促进各国产业联动和结构分化，并由其内生的资源供给增加和需求整合机制扩展全球的供求，带动世界新一轮增长，并进一步进行实证研究，使全球价值链分工对中国产业结构升级效应进行检验。张若雪（2016）通过增加值的价值链分解，指出我国由农林牧渔业价值链向建筑业、服务业价值链转变，全球价值链分工促进我国产业结构升级。

（2）关于产品内分工下产业内结构升级的研究。部分学者对产品内分工下产业内结构升级问题进行分析。涂颖清（2010）对 Humphrey 和 Schmitz 的产业升级理论进行了拓展性分析，提出了不同要素密集度产业间升级，即产业由劳动密集型产业向资本密集型产业再到技术密集型产业渐进式升级或跳跃式升级的过程，实质是离开分工水平低、利润率低的产业，进军分工水平高、利润率高的产业。然而该文章只是将其作为我国制造业升级的一种路径和思路来提出，并未进一步分析全球价值链分工对不同要素密集度产业间升级的影响机制、机理。刘志彪（2012）从产业链的视角分析了在国际分工形式变化的背景下，如何实现战略性新兴产业发展高端化。文章指出，产品内分工呈现出了诸多新特点，如信息化成为产品内分工实现的技术基础、产业链组织方式是由跨国公司支配治理结构、发展中国家为获得发达国家先进技术而逆向外包等，并基于此提出了促进战略性新兴产业高端化的有效途径：一是对形成障碍的高端环节进行不断的投资；二是鼓励我国企业收购发达国家具有研发能力的企业及其品牌，以此来加快我国新兴产业的飞跃式发展。许南、李建军（2012）指出，产品内分工下产业结构升级的方式出现新趋势，主要表现为价值链升级和价值元升级，前者为由低梯度产业向高梯度产业升级，即依次按劳动密集型、资本密集型、技术密集型的方向升级，后者为由非核心价值元向核心价值元升级。同时，还从理论上分析了产业转移对我国产业结构升级的影响，指出全球服务外包转移为中国现代服务业的发展提供了契机，但国际产业转移也可能对我国技术进步产生一定的不利影响。崔焕金（2015）一方面阐述了全球价值链分工通过市场竞争、要素价格等推动产业结构升级的机理；另一方面也重点强调了全球价值链模式造成技术链接关系弱化、产品生产联系割裂，使产业结构升级偏离一般路径。

（二）产品内分工与生产率的相关研究

1. 产品内分工对生产率影响的理论研究。国内学者关于产品内分工对生产率的影响，主要分为两类观点：第一类观点认为，产品内分工有助于生产率的提升。胡昭玲（2007）指出，产品内分工使国际分工深入全球价值链的环节与工序层面，对制造业生产率的提升和资源优化配置产生积极影响。产品内分工对生产率的影响机制主要体现为：产品内分工扩展了比较优势的范围；有利于获取规模经济利益，实现成本最小化；产生积极的技术外溢效果。第二类观点认为，产品内分工与生产率之间存在非线性关系或不确定性关系。张会清、唐海燕（2011）认为，中间品进口的投入引导效应会加快发展中国家企业工艺升级，同时产生技术溢出效应，促进企业技术升级和生产率提高。然而，如果企业仅从事简单组装生产，会形成低层次的劳动力需求和人力资本水平。而且中间品进口还会对国内企业的中间品生产产生挤出效应，同时也会降低高技能劳动力的相对需求，从而对生产率产生抑制作用，因此产品内分工与生产率之间存在不确定性关系。王玉燕等（2014）指出，在发展中国家进行流程升级和产品升级阶段，跨国公司会对发展中国家进行主动溢出，从而推动发展中国家技术进步，但当进入功能升级和链条升级阶段时，发达国家会采取措施抑制这种升级趋势，阻碍发展中国家的技术进步。吕越等（2017）认为，全球价值链分工下提高企业生产率的机制包括大市场效应、中间品效应和竞争效应，但由于发达国家技术垄断、关键资源垄断等现象，从而形成效率改善效应和效率抑制效应并存的机制。

2. 产品内分工对生产率影响的实证研究。在实证研究方面，国内文献从产品内分工对劳动生产率的影响和产品内分工对全要素生产率的影响两方面进行研究。

在产品内分工对劳动生产率影响的研究方面，胡昭玲（2007）基于1992年、1997年和2000年我国20个工业行业的面板数据，检验了产品内分工对我国主要工业行业劳动生产率提升的正向影响，同时得出结论，产品内分工对资本密集型行业产生的正向作用更大。徐毅、张二震（2008）通过构建面板数据模型研究国际外包对劳动生产率的影响，研究显示，外包有助于提高企业的劳动生产率水平，其对产出的影响，一方面是推动生产边界外移；另一方面是加快产品结构升级。张会清、唐海燕（2011）以我国1995—2008年27个制造业部门的面板数据为样本进行实证研究，实证结果显示，产品内分工产生了较为明显的技术升级效应。赵霞（2017）基于我国装备制造业2001—2011年的数据，考察了不同分工形式对劳动生产率产生的不同影响，结果显示，国际垂直分离显著提高了装备制造业生产率，而总体垂直专业化分工、国内外国企业垂直分工、国内本国企业分工均对装备制造业生产率产生负向影响。

在产品内分工对全要素生产率影响的研究方面，戴魁早（2011）选取中国高技术产业1995—2008年行业面板数据，运用动态面板数据GMM方法进行实证研究，进而得出结论：垂直专业化对高技术产业全要素生产率的提升产生显著的推动作用。王玉燕等（2014）采用我国工业行业面板数据对全球价值链的技术进步效应进行实证分析，研究表明全球价值链参与度对技术进步有着正负两方面的影响，全球价值链参与度与技术进步之间呈倒“U”型的非线性关系。孙学敏、王杰（2016）利用2000—2006年企业数据检验了产品内分工对企业生产率的影响，发现产品内分工产生了正向的生产率效应，且高资本密集度企业融入全球价值链的生产率效应高于低资本密集度企业。吕越等（2017）利用我国企业数据对全球价值链嵌入的生产率效应进行实证研究，结果显示，两者之间存在倒“U”型的非线性关系，在参与全球价值链分工初期会对全要素生产率的提高产生正向影响，而随着我国企业与发达国家企业之间的技术距离不断缩短，参与全球价值链分工对生产率的正向效应会逐渐减弱。

（三）产品内分工与制造业服务化的相关研究

在产品内分工与制造业服务化的研究方面，国内学者主要针对产品内分工与制造业投入服务化问题、产品内分工与制造业产出服务化问题进行广泛研究。

1. 产品内分工与制造业投入服务化。国内学者对于产品内分工与制造业投入服务化的研究，主要讨论了制造业投入服务化对产品内分工的影响、产品内分工下制造业投入服务化产生的效应。在制造业投入服务化对产品内分工影响的研究方面，周大鹏（2010）引入了“服务连接”的概念，一方面，服务活动连接不同生产工序，使协调成本降低，制造业投入服务化有助于跨国产品内分工顺利实现；另一方面，服务连接有助于降低企业边际成本，提高利润。随着国际分工模式的转变，服务连接成为全球价值链顺利运转的重要保障。通过比较在同一地域生产成本、一个经济体内不同区位价值链上下游生产成本、不同经济体价值链上下游生产成本，从而得出结论：产业发展到一定规模时，生产方式需要由同一区域生产向经济体内不同区位生产转变，当生产进一步扩张后，不同经济体参与国际分工是最有效的，虽然付出了较高的服务成本，但边际成本有所降低，服务连接在此过程中发挥了重要作用。程东全等（2011）认为，服务型制造可以实现以制造业为核心的供应链系统资源的整合，有利于链条中成员企业的协作和配合，从而实现企业和顾客的价值。在产品内分工下制造业投入服务化产生效应的研究方面，吕越等（2017）构建了制造业服务化与效率的基本模型，实证研究结果显示，全球价值链分工下企业制造业服务化带来了正向的生产率效应。

2. 产品内分工与制造业产出服务化。国内学者关于产品内分工与制造业产出服务化关系的研究，主要集中于对产品内分工下制造业服务化的形成机理、产品内分工对制造业服务化影响机理的分析。

从产品内分工下制造业产出服务化的形成机理来看，邵锦华（2011）认为，随着国际分工不断深化，制造业内在价值链的延伸使服务成为新的价值增值环节。倪卫涛（2013）指出，随着产品内分工进程的不断深化，过去由单个企业独立完成产品生产全过程的模式已被打破，一些服务环节的专业化程度日益提高，使得部分服务活动逐渐从制造业企业中分离出来，推动制造业价值链不断延伸，从而出现了制造业产出服务化现象。

从产品内分工对制造业产出服务化的影响来看，倪卫涛（2013）

认为，产品内分工下“微笑曲线”两端的研发和营销环节所创造的价值远大于制造环节，推动制造业企业出现服务化趋势。黄群慧、霍景东（2015）指出，全球化及竞争加剧、全球价值链转移是制造与服务共生融合的外部驱动力，产品的价值环节向全球价值链两端的服务环节转移，以及国际竞争加快了企业实施产出服务化战略。鉴于目前讨论产品内分工对制造业产出服务化影响的文章较少，而制造业产出服务化本质上是产品内分工下功能升级的一种表现，因此可以参考研究产品内分工对功能升级影响的相关文献。多数学者指出，产品内分工对企业功能升级产生抑制作用。刘志彪和张杰（2007）、王玉燕等（2014）认为发展中国家企业在全球价值链代工体系下易被“俘获”，很难进行高端化的企业升级。吴红雨（2015）指出，功能升级是区别“低端锁定”与成功升级的分岔点。然而，发展中国家下游厂商被锁定在全球价值链中低端环节，而很难进入高附加值环节。吕越等（2017）指出，发达国家跨国公司对于技术和主要资源的垄断，抑制了发展中国家企业的功能升级。

三、文献评述

综合来看，国内外学者从不同研究视角、运用不同方法，对产品内分工与产业升级、产品内分工与生产率、产品内分工与制造业服务化等问题进行了研究和讨论。

（1）关于产品内分工与产业升级的相关研究主要集中于产业升级的内涵与类型、产品内分工对产业升级的影响、产品内分工与产业结构升级研究等方面。产品内分工对产业升级产生重要影响，其影响机制主要包括技术创新机制、技术引进机制、人力资本积累机制、生产性服务投入机制。在关于产品内分工与产业结构升级的相关研究中，一部分学者研究了产品内分工下产业间结构升级问题，另一些学者讨论了产品内分工下产业内结构升级问题。

（2）在关于产品内分工与生产率的相关研究中，国内外文献从理论上分析了产品内分工对生产率的影响，主要分为两类观点：第一类观点强调产品内分工对生产率的促进作用；第二类观点则认为产品内分工与生产率之间存在非线性关系或不确定性关系；在实证研究中，国内外文献分别以劳动生产率或全要素生产率为对象，考察产品内分工对生产率的影响。

（3）在关于产品内分工与制造业服务化的相关研究中，一些文献讨论了产品内分工与制造业投入服务化问题，研究重点集中于制造业投入服务化对产品内分工的影响、产品内分工下制造业投入服务化产生的效应；另一些文献讨论了产品内分工与制造业产出服务化问题，研究重点集中于从理论上分析产品内分工下制造业产出服务化的形成机理、产品内分工对制造业产出服务化的影响机理。通过对国内外文献进行梳理，上述研究中的重要学术成果与结论对本书的研究提供了有益的启示。

然而，纵观国内外研究现状，目前的研究中尚存一些不足之处：第一，在产品内分工与产业升级的研究中，现有文献缺乏对产业升级情况的全面考量，理论和实证分析重点集中于产品内分工下技术升级和功能升级问题，而对链条升级的分析较少，以 Humphrey 和 Schmitz（2000、2002）为代表的文献虽然提出了链条升级的概念，但是在分析中却较少讨论链条升级的情形，讨论链条升级的文献也主要进行定性分析，而较少有文献进行定量分析。第二，在产品内分工与生产率的研究中，多数文献在进行产品内分工对生产率影响的实证研究时，主要以劳动生产率或全要素生产率作为测度生产率的指标，然而这两个指标都忽视了环境因素对产业发展的影响，没有将能源投入和环境污染纳入生产率的考量范围，不符合当前产业发展绿色高效化的目标。第三，在产品内分工与制造业产出服务化的研究中，多数研究以理论分析为主，而相关实证研究较少。第四，在产品内分工与产业内结构升级的研究中，一些文献通过理论分析得出了产品内分工对产业内结构升级影响的一般性结论，而较少有文献通过对代表性行业内部的结构升级进行实证研究得出有针对性的结论。上述不足为本书的进一步研究提供了方向。

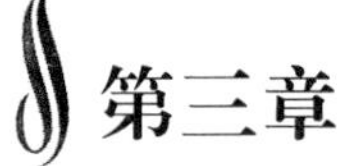

第三章 中国装备制造业发展概况

在梳理相关基础理论和国内外文献综述的基础上，本章以中国装备制造业为研究对象，阐述中国装备制造业的发展历程与现状，分析当前中国装备制造业发展面临的困境。

第一节 中国装备制造业发展历程

改革开放前，我国长期处于封闭的计划经济时期，装备制造业受计划经济体制影响，发展受到很大局限。改革开放后，我国实现了由封闭半封闭到全方位开放的历史转变，装备制造业开始融入产品内国际分工体系，迈入了发展的新时期，焕发了新的生机。本节以此为背景，将重点讨论改革开放后中国装备制造业发展历程。

装备制造业作为制造业的重要组成部分，其发展进程与制造业的发展进程密切相关。在产品内分工背景下，我国装备制造业发展历程大致经历了三个阶段：初步成长阶段（1978—2000 年）、快速发展阶段（2001—2008 年）、转型升级阶段（2009 年至今）。

一、初步成长阶段

我国装备制造业的初步成长始于 1978 年改革开放。改革开放后，我国充分利用战后第三次国际产业转移浪潮[①]的机遇，积极承接“亚洲四小龙”和其他国家或地区对我国的产业转移，利用廉价劳动力优势发展加工贸易，使我国装备制造业在1978—2000年实现了初步发展。1979年9月，我国发布了《开展对外加工装配和中小型补偿贸易办法》，拉开了我国发展加工贸易的序幕。此后，我国开始实行“两头在外、大进大出”的方针，将加工工业生产经营的两头放在国际市场，原材料来自国外，销售市场也面向国外，发展外向型经济。这一时期我国主要从事劳动密集型制造业中的低附加值环节的生产，如服装、鞋帽、箱包等产品的加工业务，装备制造业参与产品内分工程度还处于较低水平。但这一时期通过积极发展“三来一补”业务，即来料加工、来件装配、来样加工和补偿贸易[②]，我国逐步嵌入产品内国际分工体系，加快引进先进技术和成套设备，为我国制造业扩大生产规模、提高生产能力提供了重要条件，也为我国装备制造业的初步成长奠定了基础。

20世纪90年代，邓小平南方谈话和党的十四大后，改革开放的步伐加快，我国融入产品内分工程度大幅提高。同时，1995年世界贸易组织成立，标志着经济全球化进入新阶段，大幅推动了产品内国际分工进程。这一时期，我国利用外资规模不断增加，1993年，我国实际利用外资275.15亿美元，在规模上仅次于美国，成为利用外商直接投资

---

① 第二次世界大战后，全球大致经历了三次大规模的国际产业转移浪潮。第一次国际产业转移发生于20世纪五六十年代，美国将纺织、钢铁等传统产业向日本、联邦德国等国转移。第二次国际产业转移发生于20世纪七八十年代，以日本为主的产业输出国，先后将劳动密集型、资本密集型和部分技术密集型产业转移至“亚洲四小龙”等新兴工业化国家和地区，也有部分产业开始向发展中国家转移。第三次国际产业转移发生于20世纪90年代至今，以美国、日本、欧洲和“亚洲四小龙”为主要输出地，向中国内地和东盟等发展中国家和地区进行产业转移。

② 来料加工是指外商提供全部原材料、辅料、零部件、元器件、配套件和包装物料，必要时提供设备，由承接方加工单位按外商的要求进行加工装配，成品交外商销售，承接方收取工缴费，外商提供的作价设备价款，承接方用工缴费偿还的业务。来件装配是指在对外贸易中根据协定的条件，由外国厂商向我国厂商提供需要装配的零部件、元器件等，常常也提供装配所需的设备、技术、有关仪器，由我国厂商装配成成品，交外国厂商的加工贸易形式。来样加工是由外商提供样品、图纸，间或派出技术人员，由中方工厂按照对方质量、样式、款式、花色、规格、数量等要求，用中方工厂自己的原材料生产，产品由外商销售，中方工厂按合同规定外汇价格收取货款。补偿贸易是指买方在信贷的基础上，从国外厂商进口机器、设备、技术，以及某些原材料，约定在一定期限内，用产品或劳务等偿还的一种贸易方式。

最大的发展中国家[①]。在跨国公司投资的带动下，国际产业转移的趋势愈发明显，制造业发展不断加速，至1990年我国制造业总量已攀升至世界第九位，占世界份额的2.7%。[②] 装备制造业也实现了初步成长，在第三次国际产业转移浪潮中，"亚洲四小龙"作为国际产业转移的输出地，开始将计算机和电子设备制造业、汽车制造业等产业的低端制造工序向中国内地转移。此外，在跨国公司的推动下，欧美、日本等发达国家也扩大了对外直接投资范围，加快向我国转移装备制造业价值链中的劳动密集型生产工序，从而加快我国装备制造业融入产品内国际分工体系。

然而，这一阶段我国装备制造业企业技术水平有限，承接国际产业转移的能力不强，承接产业转移的规模较小，产品内分工程度还处于较低水平。我国在全球价值链生产体系中，主要承担加工组装这类低附加值生产工序，在国际分工中处于被支配地位。同时，我国实行"以市场换技术"战略，加大了装备制造业企业对国外技术和设备的依赖，自主创新能力差。装备制造业结构不合理，高技术装备制造业的比重低。企业的生产效率和技术水平整体较低，导致我国产业承接能力有限，只能定位于全球价值链的低端生产环节，在参与产品内分工的过程中处于被动地位。

二、快速发展阶段

2001—2008年我国装备制造业迎来了快速发展阶段。2001年，我国加入世界贸易组织，标志着我国对外开放程度的进一步加深，由局部、有限的开放转向全方位、宽领域的开放，为我国加快融入产品内国际分工提供了有利条件。经过改革开放20多年的历练，我国企业技术水平大幅提高，已具备较好的产业承接能力，从而获得了大量加工订单。通过快速融入产品内分工体系，我国最大限度地利用低成本优势，

---

① 王昌林：《中国产业发展报告2013—2014——我国工业发展的阶段性变化研究》，经济管理出版社2014年版，第90页。

② 数据来源于国家统计局网站。

不断加快加工贸易的发展，2001—2008年加工贸易出口额由1475亿美元增长至6752亿美元，增长了约3.6倍。[①] 通过承接制造业组装加工，从沿海到内地形成了一批出口加工区，如深圳出口加工区、重庆出口加工区等。进入21世纪后，发达国家和“亚洲四小龙”等国家或地区加快了高技术制造业的国际产业转移，客观上为我国高技术装备制造业的发展提供了重要机遇。

在这一时期，我国迎来了制造业的高速增长阶段，至2007年我国制造业总量位列世界第二，占世界份额达到13.2%，2005—2008年制造业增加值年均增长率高达19.48%。装备制造业发展尤为迅速，2000—2007年装备制造业占制造业产值比重由35.17%上升至40%。[②] 为进一步优化装备制造业产业结构，提高关键设备的国产化率，我国提出大力振兴装备制造业，2006年2月印发了《关于加快振兴装备制造业的若干意见》，强调装备制造业在我国产业发展中的支柱作用，指出要重点发展具有自主知识产权的重大技术装备和重要基础装备，涉及大型清洁高效发电装备、大型煤化工成套设备、大型海洋石油工程装备、轨道交通项目、集成电路关键设备等领域。[③]

这一时期我国装备制造业的快速发展主要得益于积极发展国际代工，促使“中国制造”的影响力不断扩大，我国很快成为“世界加工厂”“代工大国”和“制造大国”。然而由“制造大国”迈向“制造强国”之路却障碍重重。长期以来，我国大量装备制造业企业嵌入“微笑曲线”最底端的加工组装环节，产品的科技含量和附加值低，在产品内分工中处于劣势地位。在全球价值链攀升过程中还不断受到发达国家企业的技术封锁与阻挠，从而被长期限制于微利化的低端生产制造环节。而在低端制造环节，我国又面临着越南等东南亚国家的竞争。由此看来，我国依靠国际代工模式驱动产业发展的路径已不可持续，装备制造业升级亟需探索新的路径。

---

① 数据来源于国家统计局网站。

② 数据来源于国家统计局网站。

③ 资料来源于中国政府网。

三、转型升级阶段

2009年至今，我国装备制造业发展进入了转型升级的关键阶段。这一时期，我国已成为世界重要的制造中心，2010年我国制造业总量位列世界第一，占全球制造业的份额达到19.8%，并在此后多年一直稳居世界首位，[①] 装备制造业的发展规模也位居世界前列。但随着全球经济进入后金融危机时代，各国经济进入缓慢的复苏期，国际投资持续低迷，市场需求萎缩，加之我国生产要素成本升高、生态环境问题严峻，使我国装备制造业发展面临着来自内外部的巨大压力，2009年装备制造业增长率出现大幅下降，近年来增长率也维持在较低水平。由此看来，我国装备制造业转型升级已势在必行。

对此，我国抓紧确定重点培育高端装备制造业的重大战略。2010年10月，我国发布了《关于加快培育和发展战略性新兴产业的决定》，将高端装备制造产业列入战略性新兴产业，强调要将其培育成先导产业和支柱产业，推进产业结构继续优化[②]。高端装备制造业涵盖航空产业、卫星及应用产业、轨道交通装备产业、海洋工程装备产业、智能制造装备产业，是我国在装备制造业转型升级阶段重点发展的行业。

此后，我国还进一步明确了装备制造业的产业发展目标。2015年5月，我国发布了《中国制造2025》，正式提出了实施“制造强国”的战略目标，通过“三步走”来实现：第一步是到2025年迈入制造强国行列，在全球产业分工和价值链中的地位明显提升；第二步是到2035年，我国制造业整体达到世界制造强国阵营中等水平；第三步是到新中国成立一百年时，进入世界制造强国前列。[③] 在这一纲领的指引下，当前我国以迈入制造强国为目标加快产业升级，不断提升产品内分工地位。2016年4月，我国发布了《装备制造业标准化和质量提升规划》，详细规划了装备制造业到2020年和2025年的发展目标，提出要加快装备制

① 数据来源于国家统计局网站。
② 资料来源于中国政府网。
③ 资料来源于中国政府网。

造业提质增效步伐，推动智能制造、绿色制造，在深度融入产品内分工体系的基础上，促进我国装备制造业向中高端迈进。

这一时期，装备制造业升级卓有成效。通过技术引进和技术创新，我国装备制造业新产品开发能力不断增强，技术水平和生产效率大幅提升；企业研发投入的资金和人力投入明显提高，同时积极开拓销售业务，参与全球价值链中高端环节的趋势加快显现；高技术装备制造业发展迅速，装备制造业在制造业发展中的重要性日益凸显。然而，目前我国装备制造业发展还面临着增速放缓、产品内分工地位偏低、国际竞争力不强等问题，仍有待进一步升级。

第二节
中国装备制造业发展现状

在前文考察我国装备制造业发展历程的基础上，本节重点分析我国装备制造业发展现状，主要从装备制造业发展规模现状、研发与技术创新现状、进出口贸易与投资现状三方面来加以考察。

一、中国装备制造业的发展规模现状

（一）装备制造业发展规模不断扩张，但近年来增速有所回落

近年来，我国装备制造业发展规模不断扩张。如图 3－1 和图 3－2 所示，2005—2016 年我国装备制造业工业销售产值规模逐年扩张，由 80989.28 亿元增长至 408140.99 亿元，增长了 4.04 倍；2005—2017 年装备制造业工业总产值由 82644.14 亿元增长至 406861.17 亿元，增长了 3.92 倍。[①] 2017 年全国规模以上装备制造业企业数量共 126245 家，

① 数据来源于《中国统计年鉴》和《中国工业经济统计年鉴》。由于 2012 年后相关年鉴不公布分行业工业总产值数据，因此 2012—2017 年装备制造业总产值数据由主营业务收入替代。

资产总计为374085.44亿元，主营业务收入为406861.17亿元，利润总额达26713.32亿元。①

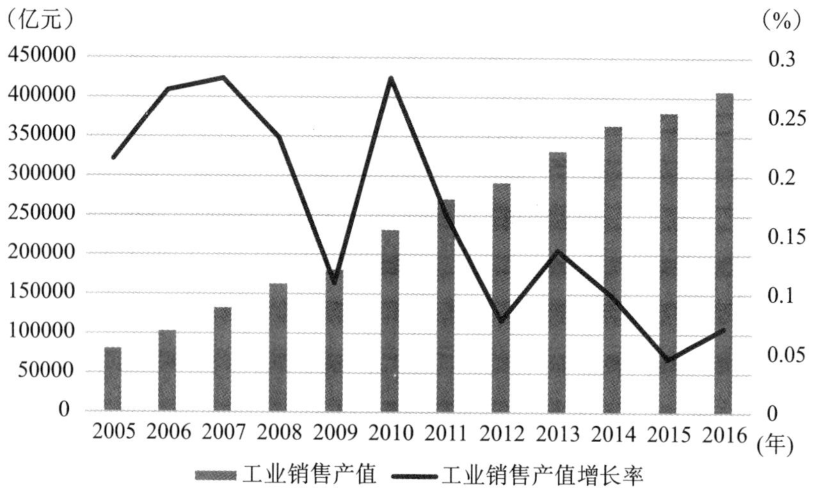

资料来源：根据《中国统计年鉴》数据整理计算。

图3-1 2005—2016年中国装备制造业工业销售产值及增长率

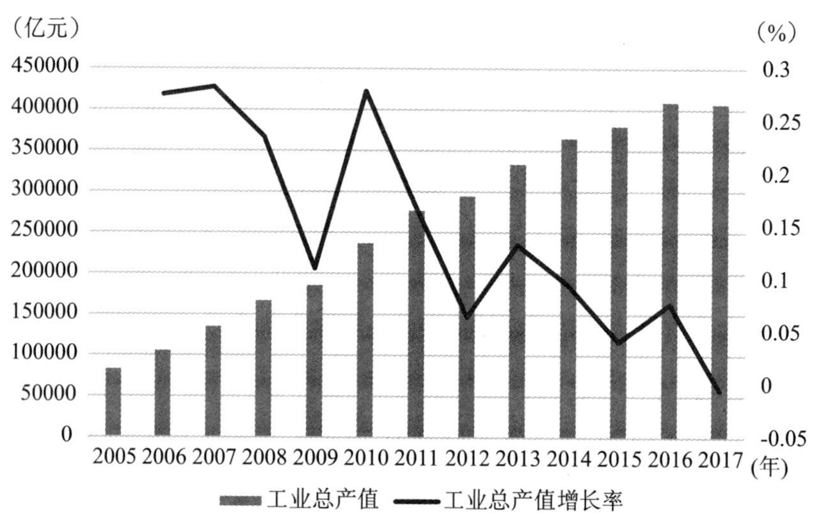

资料来源：根据《中国统计年鉴》《中国工业经济统计年鉴》数据整理计算。

图3-2 2005—2017年中国装备制造业工业总产值及增长率

① 数据来源于《中国统计年鉴》。

然而，装备制造业产值增长率波动较大，且近年来增速有所下降。工业销售产值增长率在2005—2007年呈上升趋势，由21.44%上升至28.25%；在2008—2009年金融危机影响下增长率大幅下降，2009年增速仅为10.91%；2010年增长率虽回升至28.29%，但2011年后增长率下降至较低水平，2016年增长率仅为7.16%，反映了近年来我国装备制造业工业销售产值增长速度有所回落。工业总产值增长率波动趋势与工业销售产值增长率波动趋势较为一致。2005—2017年装备制造业工业总产值年均增长率为14.21%，而2011—2017年年均增长率仅为6.64%，表明近年来我国装备制造业工业总产值快速增长的势头有所减缓。

（二）装备制造业已成为支撑制造业发展的重要基石，其重要性正在日益凸显

装备制造业作为国民经济的重要产业部门，在制造业发展过程中的贡献尤为突出。2000—2017年我国装备制造业占制造业企业数量比重由30.44%上升至36.03%；资产比重由34%上升至43.34%；工业总产值[①]比重由37.58%上升至39.9%。同时，在此期间装备制造业工业总产值年均增长率为17.46%，快于制造业工业总产值年均增长率17.04%的水平。由此可知，装备制造业是支撑制造业发展的重要基石，其重要性正在日益凸显。

二、中国装备制造业的研发与技术创新现状

（一）企业研发的资金和人力投入大幅提高，新产品开发颇具成效

我国装备制造业企业研发的资金和人力投入大幅提高，2011—2017年我国装备制造业企业的研发投入实现了较快增长，2017年我国规模以上装备制造业企业研究与试验发展（R&D）项目数共244648项，是

① 由于2012年后相关年鉴不公布分行业工业总产值数据，因此2012—2017年装备制造业总产值数据由主营业务收入替代。

2011年的1.82倍；在资金投入方面，2017年规模以上装备制造业企业研究与试验发展经费共6725.7亿元，是2011年的2倍；在人力投入方面，2017年规模以上装备制造业企业研究与试验发展人员全时当量[①]为1616770人年，是2011年的1.41倍。

装备制造业新产品开发能力较为突出，2017年我国规模以上装备制造业企业新产品开发项目数共280448项，占规模以上制造业企业新产品开发项目的59.47%；规模以上装备制造业企业新产品开发经费共8372亿元，占规模以上制造业企业新产品开发经费的62.99%；规模以上装备制造业企业新产品销售收入共119572.27亿元，占规模以上制造业企业新产品销售收入的63.06%；规模以上装备制造业企业新产品出口销售收入共27383.4亿元，占规模以上制造业企业新产品出口销售收入的78.43%。

我国装备制造业企业积极引进国外先进技术，在企业技术获取和技术改造方面，2017年我国规模以上装备制造业企业引进技术经费支出329.74亿元，消化吸收经费支出79.89亿元，购买境内技术经费支出95.84亿元，技术改造经费支出1213.66亿元。[②]

（二）装备制造业是推动制造业产品研发与技术创新的主力军

装备制造业研发投入占制造业研发投入的比重较大，2017年我国规模以上装备制造业企业研究与试验发展经费为6725.7亿元，占规模以上制造业企业研究与试验发展经费的57.73%；规模以上装备制造业企业研究与试验发展人员全时当量为1616770人年，占规模以上制造业企业研究与试验发展人员全时当量的61.27%；规模以上装备制造业企业研究与试验发展项目数共244648项，占规模以上制造业企业研究与试验发展项目数的56.59%。2017年规模以上装备制造业企业中有研发机构的企业数共36381家，占制造业中有研发机构企业数的52.15%；有研究与试验活动的企业数共50969家，占制造业中有研发机构企业数

① 研究与试验发展人员全时当量指全时人员数加非全时人员按工作量折算为全时人员数的总和，是国际上比较科技人力投入而制定的可比指标。

② 数据来源于《中国科技统计年鉴》。

的 50.17%。

装备制造业企业是制造业技术创新的主力军。2017 年我国规模以上装备制造业企业专利申请数为 551382 件，发明专利申请数为 221272 件，有效发明专利数为 659828 件，分别占规模以上制造业企业总专利申请数、发明专利申请数、有效发明专利数的比重分别为 69.93%、71.83% 和 72.45%。2017 年开展产品或工艺创新活动的规模以上装备制造业企业共 69556 家，在开展产品或工艺创新活动的规模以上制造业企业中占比 47.17%。[①] 当前，我国在装备制造业领域内取得了许多举世瞩目的重大科技成果，如国产大飞机 C919、“天舟一号”货运飞船、“悟空号”暗物质粒子探测卫星、“复兴号”动车组列车、“蓝鲸一号”海上钻井平台、“墨子号”量子卫星等。

三、中国装备制造业的进出口贸易与投资现状

（一）装备制造产品的进出口贸易发展较快

装备制造产品的进出口贸易发展迅速。1998—2017 年机电产品[②]进口额由 640.1 亿美元增长至 8544.96 亿美元，机电产品进口额占工业制成品进口额的比重由 54.58% 上升至 67.59%；机电产品出口额由 671 亿美元增长至 13214.63 亿美元，机电产品出口额占工业制成品出口额的比重由 41.11% 上升至 61.59%。按照 SITC（国际贸易标准分类）的货物分类统计，1998—2017 年机械及运输设备进口额由 568.45 亿美元增长至 7348.65 亿美元，机械及运输设备进口额占工业制成品进口的比重由 48.47% 上升至 58.13%；机械及运输设备出口额由 502.17 亿美元增长至 10823.29 亿美元，机械及运输设备出口额占工业制成品出口的比重由 30.77% 上升至 50.44%[③]，反映了装备制造产品在工业制成品进

① 数据来源于国家数据网站和《中国科技统计年鉴》。

② 机电产品是指使用机械、电器、电子设备所生产的各类农具机械、电器、电子性能的生产设备和生活用机具。一般包括机械设备、电气设备、交通运输工具、电子产品、电器产品、仪器仪表、金属制品等及其零部件、元器件。

③ 数据来源于国家数据网站。

出口贸易中的地位有所提升。

（二）外商直接投资规模有所下降，对外直接投资规模有所上升

受近年来全球经济低迷的影响，我国装备制造业[①]吸引外资的规模有所下降，装备制造业外商直接投资实际使用金额由2011年的143.16亿美元下降至2017年的112.28亿美元，下降了21.57%；装备制造业外商直接投资合同项目由2011年的3149项下降至2017年的1674项，下降了46.84%。[②]

我国积极进行对外直接投资，特别是在“一带一路”倡议提出以来，我国加大对“一带一路”沿线国家和地区的投资。2017年，装备制造业对外直接投资净额达到110.3亿美元，占制造业对外直接投资净额的37.38%，其中汽车制造业和计算机、通信和其他电子设备制造业是对外制造业投资流向较多的装备制造业行业。截至2017年，我国装备制造业对外直接投资存量为642.9亿美元，占制造业对外直接投资存量的45.8%。[③]

第三节 中国装备制造业发展面临的困境

当前，我国装备制造业发展面临着高速增长势头放缓、产品内分工地位偏低、国际竞争力不强等困境，由此看来，我国装备制造业亟需进一步升级以走出产业发展瓶颈期。

---

① 受数据统计口径限制，装备制造业外商直接投资实际使用金额和外商直接投资合同项目仅统计通用设备制造业、专用设备制造业和通信设备、计算机及其他电子设备制造业这三个行业。

② 数据来源于《中国贸易外经统计年鉴》。

③ 数据来源于国家数据网站和《2017年度中国对外直接投资统计公报》。

一、高速增长势头有所放缓

产品内分工背景下，国际市场竞争态势日益激烈。在装备制造业中低端领域的竞争方面，随着以东南亚国家为代表的部分发展中国家产业承接能力提高，当前我国中低端装备制造业发展面临着严峻的国际竞争形势，以往依靠低端加工贸易来拉动装备制造业发展的模式已难以为继。在装备制造业高端领域的竞争方面，我国装备制造业升级正面临着传统工业强国和新兴工业化国家的双重竞争压力。一方面，美、德、日等传统工业强国拥有雄厚的产业基础、领先全球的科技水平，是引领全球装备制造业技术变革的主要力量，尽管目前我国高端装备制造业正在快速崛起，但实现赶超还需要一定的时间；另一方面，新兴工业化国家高端装备制造业发展势头迅猛，对我国高端装备制造业企业开拓国际市场形成威胁。由于全球金融危机后国际市场需求萎靡，我国装备制造业高速增长势头有所放缓，2005—2017 年装备制造业工业总产值年均增长率为 14.21%，而 2011—2017 年年均增长率仅为 6.64%，表明近年来我国装备制造业工业总产值快速增长的势头有所减缓。装备制造业工业销售产值的增长率由 2011 年的 16.75% 下降至 2016 年的 7.16%，近年来增长维持在较低水平。[①] 近期中美贸易摩擦更增加了全球经贸形势的不确定性，对于我国装备制造业发展存在一定的负面效应。同时，随着我国经济进入增长速度换挡期、结构调整的阵痛期、前期刺激政策消化期这一“三期叠加”关键时期，产业发展步入新常态，我国装备制造业高速增长的时代已经结束。当前我国还面临着自主创新能力不足、生产性服务业对装备制造业升级的支持效果有限、人力资本积累不足且结构层次偏低等问题，导致我国装备制造业发展的内部动力不足。现阶段，如何为我国装备制造业持续发展注入活力，在产品内国际分工进程中不断提高产业竞争力，已成为当前我国亟待解决的问题之一。

① 数据来源于《中国统计年鉴》《中国工业经济统计年鉴》。

二、产品内分工地位偏低

近年来，我国装备制造业国际分工地位有所提高，高质量垂直型产业内贸易比重增长较快，越来越多的产品正在向全球价值链的中高端迈进。但总体来看，我国装备制造业产品内分工地位仍处于偏低状态。研究显示，我国装备制造业产品内分工地位持续上升，且增幅较大，但除通用设备制造业和通信设备、计算机及其他电子设备制造业处于价值链较高的位置外，其余行业均处于中低端领域。日、美、德长期占据装备制造业各行业高端位置，使中国始终面临“高端封锁”与“低端锁定”的发展模式；加之我国装备制造业技术创新不足、核心技术靠国外引进、产业知识产权保护力度不够以及发达国家阻碍着中国装备制造业对高端区域利益的获得，迫使中国价值链地位远远低于发达国家。[①] 高端装备制造业作为我国战略性新兴产业之一，其产品内贸易形态和出口复杂度水平在一定程度上可以衡量我国装备制造业的产品内分工地位。2015 年我国高端装备制造业的产业内贸易形态以低质量垂直型产业内贸易为主，近一半产品位于产品内分工的低端，反映了我国高端装备制造并不“高端”的现实；2016 年我国高端装备制造业的出口复杂度明显低于美、日、德等国的出口复杂度水平，说明我国高端装备制造业在国际分工中的地位仍然偏低。[②] 由此看来，我国装备制造业产品内分工地位有待进一步提升，特别是高端装备制造业亟需加快升级步伐。我国装备制造业产品内分工地位偏低的主要原因在于企业核心竞争力弱，缺乏研发独特技术、产品和提供优质服务的能力，有待培育我国装备制造业的自主品牌和龙头企业。目前，华为、小米、联想等企业已享有一定的国际知名度，但从整体来看，我国自主品牌比例较少，大量代工企业没有自主知识产权，位于产业价值链的低附加值环节从事生产活动，最

---

① 王江、陶磊：“装备制造业强国竞争力比较及价值链地位测算”，《上海经济研究》，2017 年第 9 期，第 78 - 88 页。

② 齐兰、王姗：“中国高端装备制造业产品内分工程度与地位”，《吉林大学社会科学学报》，2018 年第 6 期，第 83 - 93 + 205 页。

终仅能获得微薄的代工费用，而绝大部分利润被发达国家跨国公司占有。一些企业虽然拥有自主品牌，但主要从事低技术含量产品的生产，这些低端产品进入国际市场也无益于我国装备制造业产品内分工地位的提升。

三、国际竞争力有待提升

改革开放40多年来，我国已跃升为世界第一制造大国，但我国制造业发展仍然存在“大而不强”“大而不优”的问题，这一问题在装备制造业领域内表现得尤为突出。产品内分工背景下，我国装备制造业积极升级，国际竞争力在不断增强，但部分行业的国际竞争力与发达国家相比处于劣势。研究显示，通过对比我国和美、德、日三国高端装备制造业的国际竞争力，我国高端装备制造业的国际竞争力持续提高，但国际市场占有率仍与美、德、日存在较大差距，贸易竞争力指数、显示性比较优势指数、显示性竞争优势指数也显著低于日本。[①] 由此看来，我国装备制造业的国际竞争力仍有待提升。在装备制造业技术水平方面，我国装备制造业的技术水平和技术创新能力虽然提高迅速，但仍不足以支撑装备制造业的快速升级。我国装备制造业企业自主创新能力不足，与发达国家仍然保持着相当的技术差距，特别是核心技术需要加快突破。数据显示，我国核心技术对外依存度高达50%以上，95%的高档数控系统、80%的芯片都依赖进口。[②] 同时，节约型、清洁型生产技术的推广力度不足，装备制造业的绿色高效化水平还有待进一步提高。在装备制造业的内部结构方面，我国高端装备制造业占装备制造业的产值比重偏低，装备制造业结构还有待进一步优化。在装备制造业服务化水平方面，我国装备制造业产出服务化程度有待提升，特别是一些中小企业在研发和销售领域仍然较为薄弱，需要加快拓展全球价值链两端高附

---

① 盛新宇、刘向丽：“美、德、日、中四国高端装备制造业国际竞争力及影响因素比较分析”，《南都学坛》，2017年第3期，第99－108页。

② 王喜文：《中国制造2025思维　从两化融合到互联网＋工业》，机械工业出版社2016年版，第135页。

加值环节的业务能力，提高核心竞争力。

本章小结

本章重点讨论中国装备制造业发展历程、现状及面临的困境。

改革开放以来，我国装备制造业发展大致经历了初步成长阶段（1978—2000 年）、快速发展阶段（2001—2008 年）、转型升级阶段（2009 年至今）。现阶段，我国正处于装备制造业转型升级的关键时期。

从我国装备制造业发展的现状来看，在产业发展规模方面，我国装备制造业发展规模不断扩张，但近年来增速有所回落；装备制造业已成为支撑制造业发展的重要基石，其重要性正在日益凸显。在研发与技术创新方面，装备制造业企业研发的资金和人力投入大幅提高，新产品开发颇具成效；装备制造业成为推动制造业产品研发与技术创新的主力军。在进出口贸易与投资方面，装备制造产品的进出口贸易发展较快；外商直接投资规模有所下降，对外直接投资规模有所上升。

然而，当前我国装备制造业发展还面临着增速放缓、产品内分工地位偏低、国际竞争力不强等困境。由此看来，我国装备制造业亟需加快升级步伐，提高产品内分工地位，向全球价值链中高端迈进。

第四章
产品内分工下中国装备制造业升级的机理及制约因素分析

本章重点研究产品内分工下装备制造业升级的类型和路径，分析产品内分工对中国装备制造业升级的影响机理及制约因素。从装备制造业高端化、服务化、高效化三方面展开讨论，多角度系统分析产品内分工对中国装备制造业升级的影响机理，为后文的实证研究奠定理论基础。

第一节
产品内分工下装备制造业升级类型及其实现路径探讨

本节在借鉴国内外现有研究的基础上，对产品内分工下装备制造业升级的类型进行整合，归纳为三种产业升级类型，分别为技术升级、功能升级、链条升级。同时，本节提出产品内分工下装备制造业升级的实现路径，即装备制造业高效化、服务化、高端化，从而有助于后文从多角度系统考察产品内分工对我国装备制造业升级的影响机理。

一、产品内分工下装备制造业升级的类型

本书以装备制造业为研究对象，在借鉴 Humphrey 和 Schmitz (2002)、涂颖清 (2010) 等观点的基础上进行整合，认为产品内分工

下装备制造业升级的主要类型包括技术升级、功能升级、链条升级。

（一）技术升级

技术升级是指通过应用新技术、改造旧工艺等方式提高生产率和产品质量的过程。技术升级在狭义上表现为某一工序、环节上的工艺升级，在广义上表现为生产系统上的技术进步。如图 4－1 所示，以制造环节上的 A 点为例，通过技术引进或技术创新推动技术升级，使 A 点处生产工序的附加值提高，使 A 点向 A′点升级。

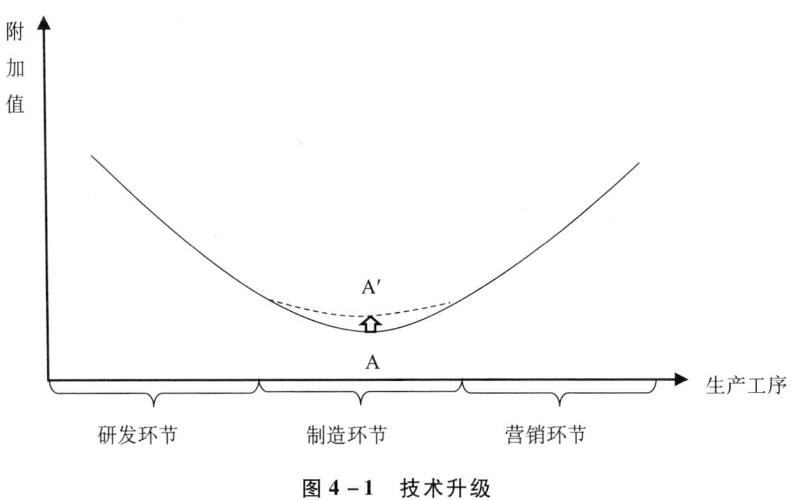

图 4－1 技术升级

（二）功能升级

功能升级是由全球价值链的低附加值环节向高附加值环节攀升的过程，主要表现为由“微笑曲线”最底端的制造环节向“微笑曲线”两端的研发环节和营销环节延伸。具体来说，实现功能升级有以下两条升级路径：（1）由附加值最低的加工组装工序向全球价值链上游方向延伸，循着简单加工组装→复杂加工装配→一般零部件制造→关键零部件制造→产品研发设计的轨迹升级，如图 4－2 所示，由 B 点向 B′方向升级；（2）由附加值最低的加工组装工序向全球价值链下游方向延伸，循着简单加工组装→总装与测试→销售→售后服务→品牌推广的轨迹升级，如图 4－2 所示，由 B 点向 B″方向升级。

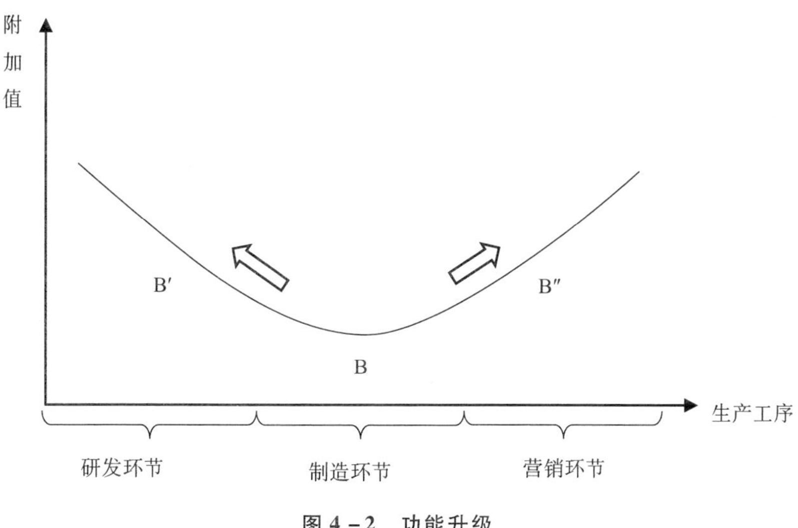

图 4－2　功能升级

（三）链条升级

链条升级是指由低附加值产业价值链向高附加值产业价值链的跃升过程，表现为由低技术装备制造业向高技术装备制造业升级。如图4－3所示，链条升级由低附加值产业价值链 C 向高附加值产业价值链 C′升级。由于高附加值产业具有知识和技术密集的属性，研发环节和营销环节的价值增值更多，因此由 C 升级至 C′后呈现出斜率更大、更为陡峭的“微笑曲线”。

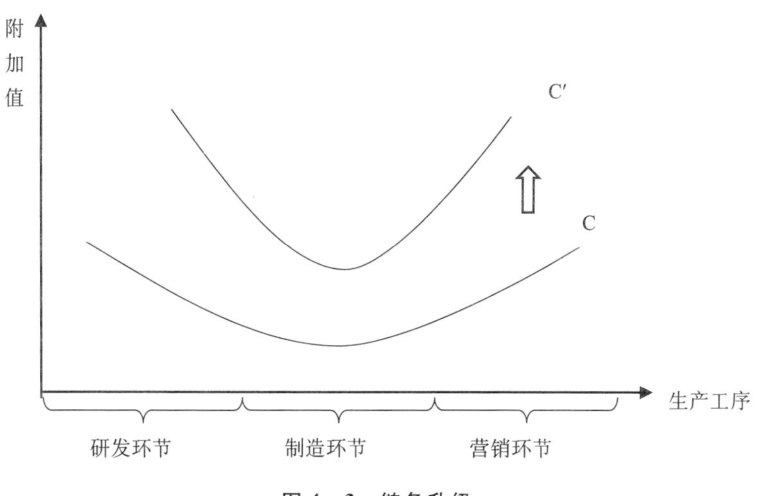

图 4－3　链条升级

（四）技术升级、功能升级、链条升级的关系

产品内分工下产业升级，不只是按技术升级→功能升级→链条升级的顺序依次进行，还可通过三种升级类型交替进行或同时进行来实现产业升级。例如，处于全球价值链上关键零部件生产工序的企业，一方面向产品研发方向延伸，实现功能升级；另一方面加快融入高端产业价值链，实现链条升级，在此基础上进一步带动了生产系统效率的提升，推动了技术升级。

二、产品内分工下装备制造业升级的路径

以产品内分工下装备制造业升级类型的研究为基础，可以进一步讨论产品内分工下装备制造业升级的实现路径。

产品内分工下装备制造业升级的实现路径主要表现为装备制造业高效化、服务化、高端化发展。（1）装备制造业高效化是指通过技术引进、技术创新等方式，推动装备制造业生产率由低水平向高水平提升，主要反映产品内分工下装备制造业的技术升级情况；（2）装备制造业服务化[①]是指装备制造业企业由只提供制造品向提供“制造品+服务品”的动态变化过程，主要反映产品内分工下装备制造业的功能升级情况；（3）装备制造业高端化是指装备制造业结构由低技术装备制造业向高技术装备制造业方向演进的过程，主要反映产品内分工下装备制造业的链条升级情况。

装备制造业高效化、服务化、高端化三者是相互关联、相互促进的关系。首先，装备制造业高效化是实现服务化和高端化的基础。一般来说，装备制造业升级最初以高效化发展为起点，主要表现为生产率提升、工艺升级、产品生产多样化和质量提高、产量增加、成本降低等。部分企业在高效化过程中积累了大量物质资本和人力资本，逐渐提升自主创新能力和营销能力，并向全球价值链高附加值环节攀升，使产出服

① 装备制造业服务化包括产出服务化和投入服务化两层含义，本书中讨论的是装备制造业产出服务化。

务化水平得以提高。同时，企业技术升级由量变走向质变后，将有机会参与到高技术产业的生产中，推动装备制造业结构向高端化方向升级。其次，装备制造业服务化有助于加快高效化与高端化进程。一方面，随着服务化过程中企业研发能力的提升，企业可以将更多样、复杂、环保的技术应用于生产中，有效提升生产率，促进生产高效化。另一方面，服务化主要表现为全球价值链上的功能升级，服务化过程强化了企业在研发环节和营销环节的竞争优势，并大幅提高利润水平，为企业拓展新的业务领域、实现跨部门升级提供有利条件。一些企业利用在原行业中的竞争优势顺利进入高端装备制造业的产品内分工体系中，有助于装备制造业高端化进程的加快。最后，装备制造业高端化会进一步带动装备制造业高效化和服务化。由低技术产业向高技术产业的升级过程中会带来一定程度的技术进步，甚至是产业技术的跨越式升级，从而带动装备制造业高效化发展。同时，由于高端装备制造业价值链上各环节的利润分配差异较大，在竞争效应的作用下，位于高端装备制造业价值链上低附加值环节的企业有着更强的功能升级动力，促使装备制造业企业加快向服务化方向发展。

第二节 产品内分工对中国装备制造业升级影响的机理分析

产品内分工下装备制造业升级的路径包括高效化、服务化和高端化发展，从而关于产品内分工对我国装备制造业升级影响的研究，也可以通过分别考察产品内分工对我国装备制造业高效化、服务化、高端化的影响机理来进行具体分析，作用机理图如图 4－4 所示。

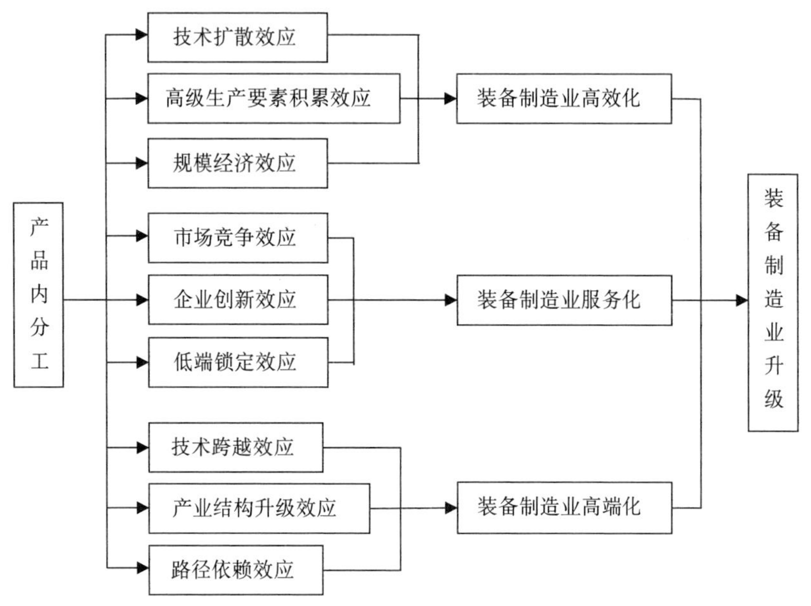

图 4－4　产品内分工对中国装备制造业的影响机理

一、产品内分工对中国装备制造业高效化影响的机理分析

（一）国际外包的技术扩散效应

我国融入产品内分工的进程是在发达国家跨国公司的推动下进行的。跨国公司将非核心业务以外包的形式转移到我国，在此过程中产生一定程度的技术扩散效应，客观上促进了我国装备制造业企业技术升级。技术扩散是指技术创新通过市场或非市场渠道的传播，使创新的产品、技术被其他企业通过合法手段采用的过程。[①] 技术扩散的方式，既包括技术领先企业自愿的技术转移，也包括其非自愿的技术溢出，前者是指技术提供方通过有偿或无偿的方式向技术受让方有意识地让渡技术的过程，后者是指技术提供方非自愿地提供技术给受让方的行为，而技

① 林晓言、陈娟：《技术经济学》，北京交通大学出版社 2014 年版，第 59 页。

术提供方没有享受到任何回报。[①] 产品内分工体系使发达国家跨国公司与我国企业之间形成较为密切的技术经济联系，在国际外包中更有助于产生技术扩散效应下的技术转移和技术溢出。

从跨国公司在国际外包过程中对我国企业的技术转移来看，由于跨国公司对产品生产制定更高的技术和环保标准，为提高我国制造商的承接外包能力，使其生产符合质量要求的标准化产品，会通过技术指导、建立研发合作机构、技术转让等方式将先进技术与生产方式转移到我国企业，进而促进我国企业对先进技术和知识的学习和获取，不断提高技术水平和生产效率。从跨国公司国际外包带来的技术溢出效应来看，我国承接跨国公司国际外包的业务主要是加工组装环节，从上游发达国家企业进口高技术含量的中间产品，其蕴含着的先进技术与知识、低碳环保生产理念可以为我国吸收、学习、借鉴、模仿，为我国装备制造业企业提高和改善制造工艺与技术水平创造有利条件。发达国家企业的清洁型生产技术通过技术溢出效应向我国扩散，有利于我国装备制造业企业加快推广清洁型生产方式，符合绿色高效化的发展趋势。同时，我国承接国际外包面临着激烈的国际市场竞争。为提高国际竞争力，我国企业需要保证产品生产质量达到发达国家的技术和环保标准，因此产生了较强的提高工艺技术和产品质量的外部压力，将这种外部压力转化为内在动力也有助于我国装备制造业企业技术升级和生产效率的提高。

（二）产品内分工下的高级生产要素积累效应

高级生产要素的概念由迈克尔·波特提出，他将生产要素划分为初级生产要素和高级生产要素，初级生产要素包括天然资源、气候、地理位置、非技术工人与半技术工人、融资等，高级生产要素包括现代化通信的基础设施、高等教育人力（如科学家和工程师）、研究机构等。[②] 与初级生产要素相比，高级生产要素的积累与提升更有助于企业提高生

---

① MacDougall G. D. A. The Benefits and Costs of Private Investment from Abroads: A Theoretical Approach, Economic Record, 1960.

② （美）迈克尔·波特，李明轩、邱如美译：《国家竞争优势》，华夏出版社2002年版，第72－75页。

产效率，实现高效化发展。

产品内分工下通过加快高级生产要素积累，促进装备制造业高效化发展的机制主要体现在以下两点：首先是加快人力资本积累。我国在融入产品内分工过程中不断积累人力资本，一方面来自于“干中学”效应，在参与专业化分工中不断学习先进知识，摸索技术窍门，积累生产和管理经验，促进自主研发能力逐渐形成；另一方面受益于发达国家跨国公司对我国企业员工的培训与技术交流，增加劳动力的知识和技能积累。人力资本水平的提高，有利于增强企业自身的学习能力和学习机制，提高消化吸收再创新能力，加快技术创新和提高技术溢出效果，带动我国装备制造业企业生产效率的提高。其次是加快生产性服务要素积累。在国际分工不断深化的过程中，全球价值链的重心逐渐由制造环节向服务环节转移，产品的价值更多由服务环节来创造，生产性服务成为装备制造业生产过程中的一种重要的投入要素，在装备制造业发展过程中起着越来越重要的作用。具体来说，随着国际分工形式由产业间分工、产业内分工向产品内分工演进，分工更趋向于精细化、片段化、专业化，加快了全球价值链各个环节与工序的有效分离，促进研发、信息技术服务等生产性服务环节从制造业中独立出来，形成生产性服务业。部分企业专注于制造环节的生产活动，而将相关的服务环节外包给生产性服务业企业，从而加快生产性服务业的成长壮大，使装备制造业生产活动拥有更专业更高效的服务支持，为装备制造业企业提高服务要素投入质量和水平提供了帮助。为更好地满足消费者对产品质量、性能等方面日益增长的需求，还有一些企业选择在企业内部发展生产性服务部门，在产品生产中不断提高投入服务化力度，加快生产性服务要素的积累。生产性服务贯穿于装备制造业价值链的上中下游各个环节，起到重要的“黏合”和“连接”功能，使产业价值链得以顺利运转，同时将信息、知识等高级生产要素引入装备制造业的生产中，有效提高企业生产效率，加快装备制造业高效化升级步伐。

（三）国际生产分割下的规模经济效应

相对于产业间分工和产业内分工，产品内分工下的国际生产分割模式，更有利于实现规模经济效应，提高投入要素利用程度，提升装备制造业规模效率。规模经济效应是指生产成本随生产规模的扩大而降低的现象，可从内部规模经济和外部规模经济两方面加以分析。前者是指企业内部生产规模的扩大而带来的生产成本下降，后者是指企业所在的整个行业规模扩大而带来的生产成本下降。从内部规模经济来看，产业间分工或产业内分工形式下的生产主要集中在一个空间场所内进行，且生产过程不能按工序进行分割，使得在整体生产达到有效规模时，不一定能兼顾每一生产工序最优规模的实现。① 而在产品内分工体系下，装备制造产品的生产活动被分割为若干个生产工序，由不同国家或地区的不同企业分别进行不同工序的专业化分工生产，有利于各企业专注于生产自身拥有比较优势的工序，促进各生产工序实现规模效应，有效降低生产成本。从外部规模经济来看，产品内分工体系加深了各企业之间的技术经济联系，国际生产分割模式下很多位于相似生产工序的企业具有相似的生产要素投入需求，从而推动位于相似生产工序的企业以及上下游关联企业，按照横向经济联系或纵向经济联系，充分利用区域内劳动力、资金、人力资本、技术、生产性服务等要素禀赋形成产业集聚，从而产生正外部性，促进装备制造业企业之间的信息和技术交流，形成知识溢出，同时节约大量生产成本和交易成本，提高规模效率，有利于我国装备制造业企业高效化升级。

二、产业内分工对中国装备制造业服务化影响的机理分析

（一）需求驱动下的市场竞争效应

随着市场需求由产品导向向产品—服务导向转变，我国装备制造业企业在参与产品内分工过程中面临着日益激烈的市场竞争压力，主要表现为全球价值链上位于制造环节的企业之间的竞争、位于全球价值链两端服务环节的企业之间的竞争。首先，伴随着市场需求结构的升级，客

① 徐婧："垂直专业化分工与我国制造业出口技术结构升级研究"，山东大学，2015 年，第 44 页。

户对于“产品+服务”的需求不断提高，全球价值链两端的服务环节成为高价值增值环节，加大了企业由制造环节向服务环节攀升的竞争程度。积极向服务化转型的企业将提高市场竞争力，提升产品内分工地位，并获得更多利润，而未进行服务化转型的企业将处于竞争中的劣势地位，面临被替代的风险。竞争压力迫使后者加快服务化升级，向全球价值链的高附加值环节攀升。其次，伴随客户需求个性化的增加，对企业提供服务业务的质量、层次和多样性提出了更高的要求，加剧了全球价值链两端服务环节的企业之间的竞争，使各国企业竞相争夺服务型产品市场，特别是高端装备制造业价值链服务环节的主导权。为更好满足服务导向市场需求、获得市场竞争优势，企业需要提高核心竞争力以增强服务化水平。核心竞争力是指为企业带来竞争优势的企业资源与能力，这种资源和能力是企业所独有的，其他企业难以模仿和复制。差异化服务战略是企业实现核心竞争力提升的重要途径，它是指企业向目标市场提供与竞争对手不同的优质服务，是培育客户忠诚度的主要手段。在市场需求的目标引导下，全球价值链上处于研发环节和营销环节的企业竞相通过强化研发水平、提高技术服务、加强品牌建设、创新商业营销模式等方式不断提高我国企业的核心竞争力，进一步提升服务化水平和质量，提高服务产出差异化程度来满足客户的需求，提高客户忠诚度，并获得更高额的利润分配和更有利的市场竞争优势地位。

（二）人力资本积累机制下的企业创新效应

人力资本是指劳动者受到教育、培训等方面的投资而获得的知识和技能的积累。我国融入产品内分工体系加快了人力资本积累，有助于提高企业技术创新能力和市场创新能力，向全球价值链两端的研发环节和营销环节延伸，推动装备制造业服务化进程。产品内分工对人力资本积累的影响主要通过三方面来实现：第一，跨国公司作为产品内分工体系的主导者，为提高我国企业的生产供应能力，使之可以生产符合要求的标准化产品，跨国公司会定期开展对我国企业的劳动力培训或其他业务交流活动，在客观上推动我国企业员工知识和技能的积累，提高人力资本水平；第二，我国企业在参与产品内分工中产生“干中学”效应，在生产与经营实践中不断提升劳动者的经验和知识；第三，在我国企业技术升级的过程中，新技术和新设备的引进和应用使企业对劳动力技能水平提出了更高要求，一些企业通过提高员工待遇水平和建立良好的人才培养机制，吸引国内外高技能人才，增加人力资本积累。

人力资本积累是推动我国装备制造业企业技术创新和市场创新、加快服务化发展的重要力量。首先，人力资本是企业研发活动的主要参与者，他们具有传播、吸收和创造隐性知识的能力，是企业创新能力提升的关键。在装备制造业服务化升级过程中，需要面向研发设计、技术支持与服务、系统运营、软件开发等多项业务，对高层次创新型人才的使用是装备制造业企业服务化升级的基础和必要条件。产品内分工下我国企业人力资本的提升，有助于企业由全球价值链上的制造环节向研发环节进行延伸，增加研发和技术服务产出，提高装备制造业服务化水平。其次，产品内分工推动我国企业技能型人力资本和创新型人力资本的积累与提升，促进企业市场创新能力提高，通过改善商业经营模式、拓展服务业务、提高营销能力、加强品牌维护等方式，由全球价值链上的制造环节向营销环节延伸，加快我国装备制造业服务化进程。

（三）跨国公司“俘获型”治理和战略隔绝机制下的低端锁定效应

随着我国参与产品内分工程度的不断加深，产品内分工对装备制造业服务化发展的负面作用日益显现。当前由发达国家主导的产品内分工格局已经形成，发达国家跨国公司作为全球价值链的“治理者”，通过协调产品内分工体系内部不同企业在不同环节、工序的经济活动，提高价值链的整体运行效率，实现自身利益最大化。根据 Gereffi 等（2003）的分类，全球价值链治理模式主要包括市场型、模块型、关系型、俘获型和层级型。我国企业参与产品内分工最常见的是俘获型模式，即由发达国家跨国公司作为核心控制生产，我国企业处于依附地位的全球价值链治理模式。在俘获型治理模式下，跨国公司对我国企业进行强有力的监督和控制，一方面扶持我国企业提高工艺技术水平，加快流程升级和产品升级；另一方面通过技术垄断和终端渠道控制封锁和阻碍我国企业向高附加值环节的攀升活动，使之无法顺利实现功能升级和服务化发展，从而将我国企业长期锁定于加工组装等低附加值环节。同时，跨国公司按照其自身战略目标加强关联企业的空间集聚，形成以跨国公司为核心的产业集群。这类集群的出现为跨国公司降低成本提供了便利，间接带动了我国企业的发展，但也相应地产生了战略隔绝效应，即跨国公司可以利用价值链上的主导权向产业集群内特定的合作伙伴扩散组织能力或让渡竞争优势，而对集群内的其他企业设置壁垒，以防止这些企业获得相关技术、知识、资源并进行学习、模仿，这种限制性壁垒主要通过跨国公司设置特定组织常规或对合作企业的区位决策施加影响来实现。① 对于我国企业而言，寻求服务化发展和功能升级的途径主要是提升研发能力和获取市场资源，在发达国家跨国公司战略隔绝机制的限制和阻碍下，服务化发展和功能升级过程将会变得异常艰难。总之，在跨国公司俘获型治理和战略隔绝机制下，发达国家跨国公司在产品内分工中的核心地位和我国企业的依附地位均被不断强化，使我国企业长期陷入低端锁定的困境，不利于装备制造业企业的服务化发展和功能升级的实现。

三、产品内分工对中国装备制造业高端化影响的机理分析

（一）后发优势条件下的技术跨越效应

后发优势是指经济相对落后的国家相对于经济较为发达的国家具备经济增长以更高时效发展的可能，甚至有赶超经济发达国家的可能性。参与产品内分工为装备制造业技术跨越升级提供了重要契机。在产品内分工模式下，我国装备制造业高端化发展拥有以下三方面的后发优势：一是我国可以通过技术引进从而直接应用发达国家成熟技术和设备，或在技术扩散效应和“干中学”效应的作用下，使我国企业得以学习、模仿发达国家成熟技术，为高技术装备制造业发展提供技术支撑；二是我国企业在参与全球价值链分工过程中，可以学习发达国家跨国公司先

① 王益民、宋琰纹：“全球生产网络效应、集群封闭性及其‘升级悖论’——基于大陆台商笔记本电脑产业集群的分析”，《中国工业经济》，2007年第4期，第46－53页。

进的管理经营模式和相关经验，为我国高技术装备制造业企业提升国际化经营能力和核心竞争力提供一定的帮助；三是产品内分工下发达国家产业升级的成功经验为我国装备制造业高端化发展目标和路径选择提供了借鉴，加快培育核心技术优势成为我国高技术装备制造业升级的关键。

产品内分工下后发优势的发挥有利于我国装备制造业实现跨越式发展。产业跨越式发展，是指后进国家通过充分借鉴和吸收发达国家产业发展的先进经验和优秀成果，打破产业发展常规路径，充分发挥后发优势，用较短时间完成发达国家需要较长时间实现的产业发展。产业跨越式发展主要通过技术跨越来实现。根据技术生命周期理论，技术从产生到衰退的过程需要经历以下四个阶段：技术开发期、初步应用期、应用成熟期、衰退期。对于技术创新国来说，技术发展需要按照以上路径逐步推进；而对于技术后进国来说，可以进行"蛙跳"跨越过技术开发期和初步应用期，直接将成熟期的技术应用于生产，这一现象被称为"技术跨越"。技术跨越对于技术后进国高技术装备制造业产业发展具有重要意义。高技术装备制造业具有研发周期长、资金投入多的特性，通过技术跨越可以为技术后进国节约大量研发成本，缩小与技术创新国的技术差距，实现产业的快速升级。

产品内分工下国际技术转移为我国高技术装备制造业跨越式发展和高端化升级提供了条件。技术转移是指技术、知识及其载体从技术供给国向技术引进国跨国转移的过程。产品内分工背景下，一方面，我国企业有着为缩小生产差距而进行技术引进的意愿；另一方面，伴随着国际产业转移，发达国家跨国公司从自身利益出发，将一些成熟性技术向我国代工企业转移，以使代工企业生产更多标准化产品。基于上述两方面因素，产品内分工使技术引进在一定程度上得以顺利实现，进而促进装备制造业跨越式发展和高端化升级。在我国高技术装备制造业发展初期，产业基础十分薄弱，国外先进技术、设备与生产方式的引进，为我国高技术装备制造业成长做出重大贡献。技术引进机制有利于缩小我国与发达国家的技术差距，为我国装备制造业技术跨越式升级创造条件；同时，技术引进为技术创新提供了重要的技术支撑，越来越多的企业在拥有一定技术实力的基础上，会将业务逐渐扩展至高技术装备制造业领域，从而加快我国装备制造业高端化升级步伐。

（二）产业融合机制下的产业结构升级效应

产业融合是指产业之间打破原有界限而相互渗透，并逐步催生出新的产业形态的现象。在产品内分工背景下，产业生产趋于精细化、复杂化和片段化，全球价值链两端的服务环节创造更多价值，使装备制造业企业对生产性服务的需求大幅提升，促进生产性服务要素作为一种重要的中间投入，融入全球价值链各个环节的生产活动中。同时，随着消费者对产品质量、性能和相关服务业务方面的要求日益增加，装备制造业的生产过程中需要投入更优质、更高技术含量的生产性服务，生产性服务业对装备制造业的支持作用日益凸显，使装备制造业与生产性服务业形成紧密联系，产业融合速度日益加快。在全球价值链的研发环节，软件开发、研发设计、技术支持等服务为生产技术的测试、改良和创新活动提供重要支持；在全球价值链的制造环节，设备租赁、设备维修等服务为产品生产制造的顺利进行提供重要帮助；在全球价值链的营销环节，批发、物流、售后、维修等服务为分销、品牌维护与推广等提供重要保障；此外，人力资源管理与培训、金融服务、信息服务等从整体上协调产品内分工的顺利进行。时至今日，装备制造业与生产性服务业的产业边界已日渐模糊，两者之间形成紧密融合与关联的内在联系。

装备制造业与生产性服务业的融合有利于促进我国装备制造业结构升级。从企业视角来看，生产性服务业是知识密集型产业，其内含的技术、知识、信息等高级生产要素可以引导装备制造业企业进行技术变革和产品创新，提高产品附加值，提升企业核心竞争力，加快企业由低技术装备制造业价值链向高技术装备制造业价值链的攀升。特别是信息技术服务在与装备制造业融合过程中，将互联网、大数据等技术应用到生产中，极大地提高了装备制造业生产效率，提升柔性化、智能化制造水平。从产业视角来看，装备制造业与生产性服务业的融合有效降低产业升级的转换成本，提高装备制造业结构中高技术装备制造业的比重。

（三）技术引进机制下的路径依赖效应

路径依赖理论是由道格拉斯·诺思首先提出的，他将这一理论用于阐释经济制度的演进规律。诺思指出，“路径依赖是分析和理解长期经济变迁的关键。路径依赖来源于一旦走上某个特定路径就能强化这一方向的报酬递增机制”。[①] 前文提到，产品内分工下依靠技术引进机制带动装备制造业跨越式发展的路径具备可行性，但技术引进仅为装备制造业高端化发展提供了外部条件，高端化发展的可持续性将由我国装备制造业的内在创新动力所决定。如果缺乏升级的内部动力，不仅技术引进对装备制造业升级的促进效应边际递减，还会产生路径依赖效应，使我国装备制造业在产业升级过程中长期陷入对技术引进的依赖，造成自主创新能力提升缓慢，不利于装备制造业高端化进程的持续发展。

在技术引进机制推动下，我国装备制造业企业自主创新能力提高的路径为：技术引进→技术消化吸收→技术模仿→技术创新。由于我国企业技术相对落后，从发达国家引进先进技术是自主创新的基础条件。技术引进带动我国企业技术能力快速提升，为满足产业进一步扩张的需要，企业加快对引进技术的消化吸收和模仿改造，逐渐缩小与发达国家的技术差距。当技术能力趋于成熟时，我国企业将由技术模仿阶段向技术创新阶段迈进，加快对发达国家的技术赶超。然而，我国企业在这一技术升级路径中往往陷入路径依赖的状态。其中，一类企业过度依赖技术引进推动高端化升级，而消化吸收能力和技术模仿能力较差，面对高端产业技术创新过程中所需的高成本，企业自主创新的动力不足。由于当前高技术装备制造业领域内的国际竞争日趋激烈，一旦发达国家加强对技术转移的限制，会导致这类企业高端化步伐停滞甚至倒退。另一类企业虽然技术模仿能力和自主创新意识较强，但受到技术引进质量的限制，引进的技术以非核心技术为主，而核心技术在发达国家严格把控下引进不畅，关键零部件无法实现自主生产，从而在一定程度上抑制了高端化进程。同时，部分发达国家还会利用环保、安全、产品质量等技术

---

① （美）道格拉斯·C. 诺思，杭行译：《制度、制度变迁与经济绩效》，格致出版社 2008 年版，第 154-160 页。

标准设立贸易壁垒，迫使我国企业需要不断淘汰设备，从而陷入“技术引进→技术消化吸收→再引进→再消化吸收”的路径循环中，不利于我国装备制造业企业加快技术创新，实现高端化发展。

第三节 产品内分工下中国装备制造业升级的制约因素分析

在前文分析的基础上，本节进一步探讨产品内分工下制约我国装备制造业升级的主要因素。从国际制约因素来看，主要包括发达国家“再工业化”战略的实施进一步强化了发达国家固有竞争优势、东南亚国家加工贸易的崛起加速弱化我国廉价劳动力比较优势；从国内制约因素来看，主要包括自主创新能力不强、生产性服务业对装备制造业升级的支持效果有限、人力资本积累不足且结构层次偏低等。

一、国际制约因素分析

（一）发达国家“再工业化”战略的实施

国际金融危机后，发达国家经济复苏乏力，跨国公司的产业链布局有所收缩，制造业增长缓慢，甚至出现下滑趋势。同时，美国等国家的产业空心化问题较为严峻，对此，发达国家希望通过实施“再工业化”战略重振制造业，特别是高技术装备制造业，以维持自身在产品内分工中的优势地位。美国在奥巴马执政时期启动了“高端制造计划”，积极在纳米技术、高端电池、生物制造、新一代微电子研发、高端机器人等领域加强攻关，以此来维持美国在高端制造业的霸主地位；特朗普执政后也强调要让制造业回归美国，以制造业振兴带动就业增加。德国在《高技术战略2020》中将“工业4.0”列为十大未来项目之一，旨在加快制造业智能化转型，希望以智能制造主导第四次工业革命，实现在生产、物流、销售等环节的数据化和智慧化。英国、法国也分别通过“高价值制造”战略和“新工业法国”战略来重振制造业。这些政策措施的出台均可视为发达国家希望继续主导产品内国际分工体系的重要表现。

发达国家“再工业化”战略的实施为我国装备制造业升级带来了严峻的外部挑战。“再工业化”战略进一步强化了发达国家在装备制造业领域的固有竞争优势，加剧了装备制造业的国际竞争，为我国装备制造业实现全球价值链攀升和产业升级增加了难度。同时，伴随着智能化时代的到来，近年来发达国家之间在高技术制造业新兴领域内的国际竞争日益激烈，新兴产业价值链的高端环节已成为各国争夺的焦点环节。“再工业化”战略下发达国家重点发展的领域是高技术装备制造业，这对我国高技术装备制造业提升产品内分工地位、实现高端化发展构成较大的竞争压力。

（二）东南亚国家加工贸易的崛起

近年来，以越南为代表的东南亚国家以承接低端制造业国际产业转移为契机，实现了加工贸易的快速崛起。据统计，越南1995—2010年工业产业中加工制造业比重由80.57%上升至86.49%，加工制造业已成为越南工业发展的主要驱动力。在国际产业转移的推动下，纺织业发展最为迅速，出口的工业制成品中，轻纺产品比重多年位居第一，轻纺产品已具备一定的国际竞争力。同时，装备制造业也有所发展，由于劳动力成本低，一些知名国际品牌的电子产品在越南设立生产基地。外资企业在越南的投资约一半集中在汽车、摩托车组装及其他消费品生产。[①]对于涉及优惠领域的项目，越南政府施行税收、亏损弥补、土地使用、办理手续等多方面优惠措施，为加工贸易的发展提供了良好的政策环境，承接产业转移能力迅速提升。在低廉的人工成本优势和积极的政策支持下，越南吸引了大量外资，在低端装备制造领域内已对我国形成一定的竞争压力。反观我国情况，近年来我国劳动力成本迅速上升，

① 古小松：《越南经济》，世界图书出版社2016年版，第147-150页。

2015 年我国制造业从业人员平均年工资为 55324 元，而越南的工资水平不足中国的一半。由此看来，我国廉价劳动力比较优势已大幅削弱。

东南亚国家加工贸易的崛起和我国劳动力成本的大幅上升，加速弱化了我国廉价劳动力比较优势，代工企业订单大幅减少，依靠代工模式推动产业增长的路径受阻。据海关统计，2017 年，全国加工贸易进出口总值 12000 亿美元，同比增长 7%，低于外贸总额增幅 4.4 个百分点，占我国同期外贸进出口总值的比重为 29%，较 2016 年下滑了 1.2 个百分点。东南亚国家加工贸易的崛起加大了国际低端市场的竞争，在很大程度上挤占了我国企业的市场份额，使我国代工企业的生存与发展面临着严峻的考验，为我国装备制造业升级增加了难度。

二、国内制约因素分析

（一）自主创新能力不强

自主创新能力是我国提升装备制造业国际竞争力的源泉，是影响我国装备制造业高效化、服务化、高端化发展的关键性因素。

近年来，我国装备制造业的自主创新能力虽有大幅提升，但仍不足以支撑装备制造业快速发展。首先，自主创新能力不强，存在技术引进结构不合理、技术的对外依赖性较重的问题。在技术引进的过程中难以获取核心技术，关键零部件和设备仍然依靠国外进口。这一问题是致使我国高端装备制造业发展滞后的主要症结。譬如，在我国集成电路产业发展过程中，国产芯片的成长之路历尽坎坷，自主研发效率低下，核心零部件的市场占有率极小。在全球市场上，芯片设计、制造及相关设备生产由少数几家企业形成极高的技术垄断，我国企业只能从国外大量采购芯片。在 2018 年美国制裁中兴事件中，美国商务部禁止美国公司向中兴通讯销售产品、零部件、软件和技术，导致中兴通讯一度无法正常经营。这一事件为我国敲响了警钟，如果不能在核心技术上有所突破，提高自主创新能力，我国高端装备制造业很难在产品内分工过程中获取优势地位，不利于装备制造业实现功能升级和链条升级。其次，企业对引进技术的消化吸收经费的投入不足。在组织生产的过程中，一些企业将大量资金用于引进生产线和技术，而对研发设计、技术的消化吸收投入很低，形成低技术创新能力下对外资的高度依赖，同时也面临着在全球价值链上被低端锁定的风险。2017 年我国规模以上装备制造业企业引进技术经费支出共 329.74 亿元，而消化吸收经费支出仅 79.89 亿元[①]，不足引进技术经费支出的 1/4，反映了企业对引进技术的消化吸收重视度较低，不利于我国装备制造业高效化程度的提升。

我国装备制造业企业自主创新能力不强主要有以下三点原因：第一，企业自主创新动力不足。一方面，企业自主创新的成本高、风险大。特别是在高端装备制造业领域内，研发活动具有难度高、周期长的特性，企业往往投入大量科研经费而收效甚微，从而自主研发的积极性不高。加之近年来劳动力成本和原材料价格不断上涨以及全球市场需求萎缩，我国企业的利润空间被严重压缩，缺乏资金进行产品研发和品牌培育。另一方面，跨国公司对我国企业进行“俘获型”治理，使我国装备制造业企业难以获得生产的核心技术和关键知识，造成我国企业对外国进口技术和设备产生严重的依赖，对我国企业自主创新能力的提升产生较大的负面影响。第二，政府对企业自主创新的支持力度不足。企业的自主创新离不开国家政策的支持与引导，为加快装备制造业企业技术水平和研发能力的提高，我国政府积极出台相关政策，在财政、金融、税收等方面对企业科技创新予以支持，但是仍然存在着政策支持力度不足和政策落实不到位的问题，无法有效解决企业发展过程中的资金难题。同时，政府科技创新专项资金更多地流入了大型国有企业，对民营企业的支持力度较小，使许多加工贸易企业无法享受到政策优惠。第三，知识产权保护制度不完善。知识产权制度是实现国家技术发展战略的重要工具，通过对企业研发的新技术和新产品进行有效保护，防止同类企业进行模仿和低成本竞争，从而促进企业自主创新意识的提高。当前我国知识产权保护制度尚不完善，缺乏一个保护创新、公平规范的市场环境。现实中，侵权行为的法律成本较低，一些企业为了盈利，对于

① 数据来源于《中国科技统计年鉴》。

其他企业新开发的产品或技术进行侵权模仿。这对于坚持自主研发的企业而言，创新的成本加大而利润减少，极大地扼杀了企业自主创新的积极性，破坏了市场秩序，更不利于新进入企业自主创新意识的形成。

（二）生产性服务业对装备制造业升级的支持效果有限

产品内分工下装备制造业升级离不开生产性服务业提供的保障与支持，产品内分工下装备制造业与生产性服务业的加速融合将促进装备制造业生产效率提高，推动装备制造业结构升级。然而，目前我国生产性服务业发展相对滞后，对装备制造业的支持效果十分有限，制约了我国装备制造业高效化和高端化发展进程。首先，我国生产性服务业整体规模偏小，生产性服务业占服务业比重为 59.38%，占 GDP 比重为 29.56%，而发达国家生产性服务业占服务业比重在 70% 以上，占 GDP 比重在 35% 以上[①]。由此看来，我国生产性服务业的规模整体偏小，相对于发达国家发展较为滞后。其次，生产性服务业对装备制造业的支持效果欠佳。2014 年装备制造业对生产性服务业的国内直接消耗系数为 11.13%，低于美国、法国等发达国家 13% 以上的数值，反映了装备制造业对生产性服务业的直接依赖性相对较弱。从生产性服务业的中间投入的结构来看，批发、零售、交通运输、仓储、邮政等传统生产性服务业占生产性服务业比重偏高，为 61.65%；通信、软件、信息技术、金融、科学研究、技术服务等新兴生产性服务业占生产性服务业比重偏低，为 38.35%。[②] 而对比美国，新兴生产性服务业占比超过 50%，说明我国生产性服务业对装备制造业的支持作用有待提升，特别是新兴生产性服务业还有待进一步加快与装备制造业的融合程度。再次，生产性服务业区域发展不平衡问题突出。相关研究结果显示，我国东部地区生产性服务业对制造业竞争力的提升有着较强的促进作用，而中西部地区的生产性服务业与制造业之间的互动较低。[③] 最后，我国生产性服务业

① 焦青霞：《生产性服务业优化产业结构效应测度》，中国财政经济出版社 2017 年版，第 192 页。

② 数据根据 WIOD 数据库的投入产出表计算得出。

③ 夏杰长、姚战琪、李勇坚：《中国服务业发展报告 2014——以生产性服务业推动产业升级》，社会科学文献出版社 2014 年版，第 217 页。

的专业化程度不高，国际化程度较低，对装备制造业发展的带动作用十分有限。很多生产性服务业企业将业务集中于中低端市场，缺乏高端服务，难以满足装备制造业企业需求。一些小型的生产性服务业企业，尽管创新意识很强，但提供的服务层次和技术含量偏低。

上述问题的产生主要有以下两点原因：第一，政策支持力度不足。近年来，我国新兴生产性服务业发展势头迅猛，但现行政策的支持力度难以满足生产性服务业快速发展的需要。由于新兴生产性服务业是知识密集型产业，对从业人员的教育水平要求较高，使企业面临较大的成本压力，且科学研究和技术服务业等行业还需投入大量资本，资金问题成为制约企业发展的瓶颈。而在现行政策下，我国生产性服务业企业面临的税收负担较重，尽管我国为鼓励生产性服务业发展，在《国务院关于加快发展生产性服务业促进产业结构调整升级的指导意见》中提出研发设计、节能环保等生产性服务业企业可以享受15%的企业所得税优惠税率，但这一优惠政策覆盖的范围较小，大量生产性服务业企业仍面临较大的税收压力，导致自主创新的动力不足。同时，中小企业融资难问题无法得到有效解决，银行贷款的门槛较高，民间借贷风险大，融资渠道有待进一步拓宽。第二，政府的宏观政策引导不充分。一些行业垄断问题严重，民间资本进入某些生产性服务业领域时尚存一些制度性障碍，有待进一步放开市场准入，充分激发民间资本的活力带动生产性服务业发展。此外，还存在审批程序过多，审批周期过长的问题，间接提高了生产性服务业的进入门槛，抑制了民间资本投资生产性服务业的积极性，不利于生产性服务业的快速发展。

（三）人力资本积累不足且结构层次偏低

作为"活资本"的人力资本要素是装备制造业升级必不可缺的关键要素，是装备制造业实现全球价值链攀升和产业结构升级的重要基础。在我国装备制造业融入产品内分工体系初期，我国凭借丰富的廉价劳动力资源在全球价值链低端环节竞争中占据优势。然而，近年来我国劳动力成本优势逐渐消失，单纯依靠旧有增长路径已很难实现装备制造业升级。当前，亟需优化劳动力结构，提高我国人力资本水平，使人才优势成为支撑装备制造业升级的新动力。从总体来看，尽管我国是人口大国，劳动力资源丰富，但人力资本积累不足，结构层次偏低。人力资本可分为一般型人力资本、技能型人力资本和创新型人力资本。一般型人力资本是指劳动者具备一般性社会劳动的能力；技能型人力资本是指劳动者经过专门培养和训练，具备必要的理论知识和一定的技能；创新型人力资本是指具备创新能力的人才，包括企业家在企业管理中具备经营决策能力和创新能力。从我国当前的人力资本结构来看，一般型人力资本占据的比重较大，而技能型人力资本和创新型人力资本相对短缺。技能型人力资本和创新型人力资本是企业实施自主创新战略的重要基础，同时也是高技术装备制造业发展的必备要素。随着我国装备制造业升级步伐的不断推进，需求缺口越来越大，具体来说，一方面，缺少掌握核心科技的技术专家和管理型人才；另一方面，缺少技术精湛的高级技工。这一问题对于我国装备制造业的发展而言尤为致命，数据显示，我国装备制造业 R&D 人员占总用工人数的比重仅为 6.4%，其中，金属制品业 R&D 人员比重仅为 3.7%，其他装备制造行业的比重也均低于 10%，反映了我国装备制造业企业研究与实验性发展人才不足的现状。从人力资本水平来看，我国制造业受教育程度在大学专科以上的就业人员比重仅为 15.8%，低于所有行业大学专科以上就业人员比重 18.1% 的水平，反映了装备制造业人力资本结构层次偏低的现实。同时，我国部分企业人才外流现象严重，更加剧了技能型人力资本和创新型人力资本短缺的问题，严重制约我国装备制造业服务化和高端化发展。

造成我国装备制造业人力资本结构层次偏低的原因主要包括以下三个方面：首先，我国人力资本投资水平偏低。资料显示，世界发达国家的教育支出一般占 GDP 总量的 6%—7%。[①] 而根据《中国统计年鉴》的数据，我国国家财政性教育支出占 GDP 的比重仅为 4.26%。同时，我国人力资本投资结构尚需调整，目前我国职业教育与普通教育发展不平衡问题突出，我国高职高专学校国家财政性教育经费为 1147.72 亿

① 杨英杰：《包容性增长与中国经济发展方式转变》，中共中央党校出版社 2014 年版，第 165 页。

元，中等职业学校国家财政性教育经费为1948.73亿元，职业教育占国家财政性教育经费总额的比重仅为9.86%，反映了我国职业教育投资较为滞后，对高级技工人才的培养投资不足。其次，我国企业的人才激励机制不健全。我国部分企业缺乏完善的人才培养机制和晋升机制，更看重员工在本企业的资历、学历等因素，而忽视对员工工作能力和绩效的评价与激励，致使大量高技能劳动力在企业内的提升空间有限，而发达国家跨国公司等国外企业对人才的保障机制更为完善、工资待遇水平更高，从而吸引了更多劳动者流向国外公司，造成我国人才的外流现象。最后，人力资本流动的保障机制不完善，户籍制度限制了技能型人力资本的流动，相应的住房、医疗、子女教育问题也不能得到有效落实，极大地提高了人才流动的成本。此外，相对于东部地区人才竞争日益激烈的现状，中西部地区对人才需求有着较大的空间，但引进人才的机制不完善，政府补贴的吸引力不高，且存在当地基础设施相对落后等问题，致使人才向中西部地区的流动不畅。

本章小结

本章讨论了产品内分工下装备制造业升级的类型和路径，分析产品内分工对我国装备制造业升级的影响机理及制约因素。

本书认为，产品内分工下装备制造业升级的类型主要包括技术升级、功能升级和链条升级，装备制造业升级的实现路径主要表现为高效化、服务化和高端化发展。

产品内分工对我国装备制造业升级产生了重要影响。在产品内分工对装备制造业高效化的影响方面，产生了国际外包的技术扩散效应、高级生产要素积累效应、国际生产分割下的规模经济效应，有助于我国装备制造业高效化发展和技术升级。在产品内分工对我国装备制造业服务化的影响方面，一方面产生了需求驱动下的市场竞争效应、人力资本积累机制下的企业创新效应，有利于我国装备制造业提高服务化水平和质量，加快全球价值链攀升；另一方面在跨国公司“俘获型”治理和战略隔绝机制下产生了低端锁定效应，不利于我国企业的服务化发展和功能升级的实现。在产品内分工对我国装备制造业高端化的影响方面，产生了后发优势条件下的技术跨越效应、产业融合机制下的产业结构升级效应，对我国装备制造业高端化升级产生积极影响；但同时也产生了技术引进机制下的路径依赖效应，不利于高端化进程的持续发展。由此看来，参与产品内分工对我国装备制造业升级而言是一把“双刃剑”，具有推动和抑制两方面影响。

在此基础上，本书分析产品内分工下制约我国装备制造业升级的主要因素。从国际制约因素来看，主要包括发达国家“再工业化”战略的实施进一步强化其固有竞争优势，东南亚国家加工贸易的崛起加速弱化我国廉价劳动力比较优势；从国内制约因素来看，主要包括自主创新能力不足、生产性服务业对装备制造业升级的支持效果有限、人力资本积累不足且结构层次偏低。

在接下来的两章中，将分别选取指标来测度我国装备制造业高效化、服务化和高端化水平，以考察我国装备制造业升级情况，并逐一分析产品内分工对我国装备制造业高效化、服务化、高端化升级的影响。

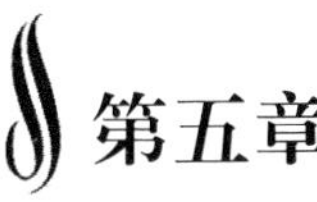

第五章
产品内分工与中国装备制造业升级的测度

本书第四章分别探讨了产品内分工对中国装备制造业高效化、服务化、高端化升级的影响机理，为进一步实证分析产品内分工对装备制造业升级的影响，本章分别构建相关指标对我国装备制造业产品内分工程度、高效化程度、服务化程度、高端化程度进行测度，以考察我国装备制造业产品内分工和升级情况，并为后文的实证研究提供数据支持。

第一节
中国装备制造业参与产品内分工程度的测度

目前，测度产品内分工程度最普遍的方法是 HIY 法及其改进方法。本书考虑到数据的可得性，采用 HIY 方法构建垂直专业化率指标，对我国装备制造业产品内分工程度进行测度。

一、测度方法与指标选取

国内外文献测度产品内分工程度主要有以下几种方法：第一，由于加工贸易是产品内分工下典型的贸易形态，可以采用海关提供的加工贸易数据来近似估算产品内分工程度（Feenstra，2000）。然而，这种方法仅考虑了以加工贸易参与产品内分工的情形，测度结果可能与实际存在较大偏差。第二，利用联合国商品贸易数据库（UN Comtrade）提供的中间产品进出口数据，以每件产品中进口中间投入品的价值占全部中间投入品比重作为指标，测算产品内分工程度①。具体来说，按照“经济大类分类标准（BEC）”分类，可将产品分为初级产品、中间产品、最终产品，从 BEC 编码中选出中间产品编码，进而可获得中间产品贸易数据。第三，基于投入产出表测度垂直专业化率（Hummels 等，2011；北京大学中国经济研究中心课题组，2006）。该方法首先由 Hummels、Ishii 和 Yi 提出，被称作 HIY 法，HIY 法构建了垂直专业化率（Vertical Specialization Share of total exports，VSS）指标，衡量一国总出口中进口中间产品所创造的贸易份额，以测度该国产品内分工水平。此后，Koopman 等（2010）学者对 HIY 方法的假设条件进行修正，使产品内分工程度的测度更为精准。目前，HIY 法及其改进方法是使用最广泛的产品内分工程度测度方法。本书考虑到数据的可得性，采用 HIY 方法对我国装备制造业产品内分工程度进行测度。

Hummels 等（2001）首先在模型中引入垂直专业化指标 VS，将其定义为：

$$VS_i = \left(\frac{X_i}{Y_i}\right) \cdot M_i \tag{5-1}$$

其中，X_i 表示一国 i 部门的出口额；Y_i 表示 i 部门的总产出；M_i 表示 i 部门中间产品的进口额。$M_i = \sum_{j=1}^{n} M_{ji}$，$M_{ji}$ 表示 i 部门进口 j 部门的中间产品。

在此基础上，为计算产品内分工程度，构建垂直专业化率指标 VSS：

$$VSS = \frac{VS}{X} = \frac{1}{X} u A^M (I - A^D)^{-1} X^V \tag{5-2}$$

① 郭炳南：“中国参与国际垂直专业化分工的经济效应研究”，华东师范大学，2011 年，第 76 页。

式（5 - 2）中，u 是 $1 \times n$ 矩阵，$u = (1,1,\cdots,1)$；$A^M = \begin{pmatrix} a_{11} & \cdots & a_{1n} \\ \vdots & \ddots & \vdots \\ a_{n1} & \cdots & a_{nn} \end{pmatrix}$是 $n \times n$ 阶进口系数矩阵，$a_{ij} = \frac{M_{ij}}{Y_j}$，$A^M$ 反映了 j 行业产品生产对从 i 部门进口的中间产品的依赖程度；$X^V = \begin{pmatrix} X_1 \\ \vdots \\ X_n \end{pmatrix}$是 $n \times 1$ 阶的出口矩阵；$A^D = \begin{pmatrix} b_{11} & \cdots & b_{1n} \\ \vdots & \ddots & \vdots \\ b_{n1} & \cdots & b_{nn} \end{pmatrix}$是 $n \times n$ 阶国内系数矩阵，$(I - A^D)^{-1}$ 反映了进口的中间产品在国内的周转循环使用程度。$A^M + A^D = A$，A 是投入产出表的直接消耗系数矩阵。

本节采用世界投入产出数据库（WIOD）中的世界投入产出表计算产品内分工程度。WIOD 涵盖了 28 个欧盟国家和 15 个其他世界主要经济体的数据，可以较为准确、全面地反映各国分工与贸易情况。表5 - 1 显示了 WIOD 世界投入产出表结构，从横向来看，总产出是各国中间使用与最终使用之和；从纵列方向看，总投入是各国中间投入与增加值之和；总产出 = 总投入。

表 5 - 1　　　　WIOD 世界投入产出表结构

		中间使用				最终使用				总产出
		国家 1	国家 2	…	国家 n	国家 1	国家 2	…	国家 n	
中间投入	国家 1	U_{11}	U_{12}	…	U_{1n}	F_{11}	F_{12}	…	F_{1n}	X_1
	国家 2	U_{21}	U_{22}	…	U_{2n}	F_{21}	F_{22}	…	F_{2n}	X_2
	…	…	…	…	…	…	…	…	…	…
	国家 n	U_{n1}	U_{n2}	…	U_{nn}	F_{n1}	F_{n2}	…	F_{nn}	X_n
增加值		V_1	V_2	…	V_n					
总投入		X_1	X_2	…	X_n					

资料来源：根据 WIOD 世界投入产出表整理得出。

本节的研究对象是我国装备制造业及其子行业的产品内分工水平。根据《2017 年国民经济行业分类（GB/T 4754—2017)》的产业分类，装备制造业包括：金属制品业，通用设备制造业，专用设备制造业，汽车制造业，铁路、船舶、航空航天和其他运输设备制造业，电气机械和器材制造业，计算机、通信和其他电子设备制造业，仪器仪表制造业八个子行业。但考虑到世界投入产出数据库（WIOD）的世界投入产出表（2016 年版）中的产业分类，及其与《2017 年国民经济行业分类(GB/T 4754—2017)》的产业分类的对应关系[①]（见表 5 - 2 和附表二），为了保证统计口径的一致，本书在测度和实证研究过程中将装备制造业子行业分为：金属制品制造业，计算机、电子和光学产品制造业，电力设备制造业，机械和设备制造业，交通运输设备制造业[②]五个子行业。

表 5 - 2 2016 年 WIOD 行业分类与 2017 年国民经济行业分类对应表

2016 年 WIOD 行业分类及代码	2017 年国民经济行业分类及代码
C25 金属制品制造业（机械和设备制造除外）	C33 金属制品业
C26 计算机、电子和光学产品制造业	C39 计算机、通信和其他电子设备制造业；C40 仪器仪表制造业
C27 电力设备制造业	C38 电气机械和器材制造业
C28 机械和设备制造业	C34 通用设备制造业；C35 专用设备制造业
C29 汽车、挂车和半挂车制造业；C30 其他运输设备制造业	C36 汽车制造业；C37 铁路、船舶、航空航天和其他运输设备制造业

资料来源：根据《2017 年国民经济行业分类》和 WIOD 世界投入产出表（2016 年版）的产业分类整理得出。

① 参考国家统计局公布的《2017 年国民经济行业分类（GB/T 4754—2017）》中的附录 C 和联合国网站公布的 ISIC Rev. 4 统计文件，从而可以将 WIOD 世界投入产出表（2016 年版）与《2017 年国民经济行业分类》的产业分类相对应。

② 鉴于 1994 年和 2002 年版的《国民经济行业分类》均把“汽车制造业”和“铁路、船舶、航空航天和其他运输设备制造业”合并为“交通运输设备制造业”，至 2011 年版的《国民经济行业分类》才将这两个行业分列，为了保证统计口径的一致，在本书的分析过程中也将“汽车制造业”和“铁路、船舶、航空航天和其他运输设备制造业”合并为“交通运输设备制造业”进行讨论。

二、数据来源及说明

书中计算所需的各年投入产出表来源于 WIOD 世界投入产出表（2016 年版），采用 ISIC Rev. 4（所有经济活动的国际标准行业分类修订本第 4 版）标准；进口、出口数据来源于联合国商品贸易数据库（UN Comtrade），采用 SITC Rev. 3（国际贸易标准分类修订本第 3 版）标准。鉴于 WIOD 行业分类与 UN Comtrade 分类标准存在差异，因此本书首先参考联合国网站上 ISIC Rev. 4 与 ISIC Rev. 3 的对照表、欧盟统计局网站上 ISIC Rev. 3 与 SITC Rev. 3 的对照表，从而形成 ISIC Rev. 4 与 SITC Rev. 3 的对应关系；再根据联合国网站所公布的 ISIC Rev. 4 统计文件，形成 WIOD 行业分类与 UN Comtrade SITC Rev. 3 的对应关系，具体对应情况见附表三。

三、测度结果及分析

本书采用 HIY 法测度了 2000—2014 年我国装备制造业产品内分工程度，如表 5 - 3 所示。

表 5 - 3　　2000—2014 年中国装备制造业产品内分工程度　　单位：%

年份	装备制造业	金属制品制造业	计算机、电子和光学产品制造业	电力设备制造业	机械和设备制造业	交通运输设备制造业
2000	22. 30	15. 74	29. 80	17. 98	15. 13	15. 39
2001	21. 38	14. 30	29. 19	16. 70	14. 34	14. 55
2002	23. 59	15. 10	32. 29	17. 61	15. 44	15. 26
2003	28. 21	18. 01	36. 58	21. 44	18. 80	18. 92
2004	30. 94	20. 03	38. 62	24. 12	21. 31	21. 66
2005	31. 12	20. 12	38. 65	23. 99	21. 71	21. 88
2006	31. 36	19. 66	39. 24	24. 32	21. 53	22. 10
2007	32. 05	19. 66	41. 05	25. 06	21. 92	22. 13

续表

年份	装备制造业	金属制品制造业	计算机、电子和光学产品制造业	电力设备制造业	机械和设备制造业	交通运输设备制造业
2008	29.62	19.22	38.22	23.44	20.88	20.44
2009	25.33	16.58	32.03	20.13	17.87	17.09
2010	27.15	19.06	33.55	22.53	20.24	18.73
2011	26.65	19.94	32.64	22.93	20.38	19.12
2012	25.40	18.95	31.08	21.52	19.20	17.86
2013	25.29	19.26	30.58	21.57	19.04	17.31
2014	22.60	16.78	27.85	19.03	16.88	15.57
均值	26.87	18.16	34.09	21.49	18.98	18.53

资料来源：根据WIOD世界投入产出表（2016年版）和联合国商品贸易统计数据库（UN Comtrade）计算得出。

从装备制造业参与产品内分工的总体情况来看，2000—2014年我国装备制造业参与产品内分工程度有小幅上升，但呈现较大的波动性。如表5-3所示，我国装备制造业产品内分工程度由2000年的22.3%上升至2014年的22.6%，整体上升幅度较小。从发展趋势上来看，2000—2007年我国装备制造业VSS值总体呈上升趋势，在2007年达到32.05%的峰值，但从2008年开始出现下降趋势，到2009年VSS值跌至25.33%，直到2010年才有所回升。这次波动主要是受2008年国际金融危机的影响，全球贸易低迷，对中国参与产品内分工产生不利影响。同时，从2011年开始，我国装备制造业产品内分工程度呈现较为明显的下降趋势，导致下降可能的原因是我国劳动力成本增加造成既有比较优势弱化，对我国代工企业参与产品内分工产生不利影响；同时也可能因为贸易保护主义政策和“逆全球化”思潮对国际分工形势造成负面影响，不利于我国装备制造业产品内分工的深入推进。

从装备制造业分行业的产品内分工程度来看，在五个子行业中，2014年计算机、电子和光学产品制造业的产品内分工程度最高，为27.85%；交通运输设备制造业的产品内分工程度最低，仅为15.57%，远低于总体装备制造业 22.6% 的产品内分工水平；金属制品制造业、电力设备制造业、机械和设备制造业的产品内分工程度居中。2000—2014 年计算机、电子和光学产品制造业的 *VSS* 均值为 34.09%，在五个子行业中最高。金属制品制造业的 *VSS* 均值最低，仅为 18.16%，和总体装备制造业 26.87% 的 *VSS* 均值差距很大，由此可知，金属制品制造业的产品内分工程度在 2000—2014 年始终维持在相对较低水平。此外，交通运输设备制造业、机械和设备制造业、电力设备制造业的 *VSS* 均值分别 18.53%、18.98% 和 21.49%，均低于总体装备制造业的 *VSS* 均值。

综合来看，2000—2014 年我国装备制造业参与产品内分工的程度仅有小幅上升，且由于金融危机冲击国际经济、我国廉价劳动力比较优势弱化、贸易保护主义政策和“逆全球化”等因素带来的负面影响，我国装备制造业产品内分工水平呈现较大的波动性。从装备制造业的分行业情况来看，计算机、电子和光学产品制造业是推进产品内分工的主力军，在 2000—2014 年始终保持着高水平的产品内分工程度；2014 年交通运输设备制造业的产品内分工程度最低，产品内分工水平滞后于其他各行业。

第二节
中国装备制造业高效化程度的测度

国内外相关文献在关于产品内分工与生产率的实证研究中，多数以劳动生产率或全要素生产率作为测度生产率的指标，然而这两个指标都忽视了环境因素对产业发展的影响，没有将能源投入和环境污染纳入生产率的考量范围，不符合当前产业发展绿色高效化的目标。本节选取绿色全要素生产率作为装备制造业高效化指标，将能源作为投入要素、将环境污染作为非期望产出纳入生产率的核算框架中，运用超效率SBM - Malmquist 方法测度我国装备制造业高效化程度。

一、测度方法与指标选取

根据本书第四章提出的装备制造业高效化的定义，装备制造业高效化主要考察装备制造业生产率由低水平向高水平提升。生产率是衡量装备制造业高效化的重要指标，可以通过测度装备制造业生产率来考察我国装备制造业高效化程度。

生产率是指生产过程中各种投入要素转化为产出的效率，即生产要素的有效利用程度。[①] 现有文献在讨论产品内分工对生产率影响的实证研究中，对生产率的测度指标主要有劳动生产率和全要素生产率。其中，劳动生产率是指劳动者在单位时间内生产产品数量或单位产品消耗的劳动时间。全要素生产率是反映经济增长质量的重要指标，它是指经济增长中不能归因于有形生产要素的增长部分，它的来源主要包括技术进步、效率改善等。然而，无论是用劳动生产率还是用全要素生产率来衡量生产率的变化情况，都忽略了能源和环境因素在产业发展中的重要作用，不能全面地反映考虑绿色因素的技术进步。对此，可采用的包含能源和环境因素的生产率指标，即用绿色全要素生产率来衡量产业的生产效率和技术变动情况。绿色全要素生产率是指包含能源和环境因素的全要素生产率，将能源作为投入要素、将环境污染作为非期望产出纳入生产率的核算框架中，从而得出绿色全要素生产率。绿色全要素生产率（GTFP）可以进一步分解为绿色技术进步（GTC）和绿色技术效率（GEC）。其中，绿色技术进步反映了技术边界的移动，绿色技术效率反映了所考察决策单元与前沿面之间的距离。本书采用绿色全要素生产率作为衡量装备制造业高效化的指标。

测度绿色全要素生产率的方法主要包括索洛余值法、SFA 法等参数法和 DEA 法、Malmquist 生产率指数法等非参数法。很多文献进一步将 DEA 理论和 Malmquist 指数相结合，形成 DEA – Malmquist 的测度方法。本书借鉴这一方法，运用超效率 SBM – Malmquist 方法测度绿色全要素

① 周五七：《基于低碳发展的中国工业生产率增长研究》，中国财富出版社 2015 年版，第 45 页。

生产率，以此来考察我国装备制造业高效化情况。

1. 超效率 SBM 模型。SBM 模型是一种基于松弛变量的 DEA 模型。与传统的 DEA 模型不同，SBM 模型将松弛变量引入目标函数中，模型的经济解释是使实际利润最大化，而不仅仅是得到效益比例最大化。超效率 SBM 模型是在 SBM 模型的基础上发展的用于评价有效决策单元（Decision Making Units，DMU）效率的方法，其充分弥补了原有模型不能将所有决策单元效率值计算出来的缺陷。[①]

考虑 n 个决策单元，且每个决策单元由投入向量、期望产出向量和非期望产出向量构成，向量形式分别为 $x \in R^m, y \in R^{r_1}, y \in R^{r_2}$；$X$、$Y^d$ 和 Y^u 是矩阵，其中，$X = (x_1, \cdots, x_n) \in R^{m \times n}, Y^d = (y_1^d, \cdots, y_n^d) \in R^{r_1 \times n}, Y^u = (y_1^u, \cdots, y_n^u) \in R^{r_2 \times n}$，可构建 SBM 模型：

$$\min\rho = \frac{1 - (1/m)\sum_{i=1}^{m}(w_i^- / x_{ik})}{1 + 1/(r_1 + r_2)\left(\sum_{s=1}^{r_1} w_s^d / y_{sk}^d + \sum_{q=1}^{r_2} w_q^u / y_{qk}^u\right)}$$

$$\text{s.t.}\begin{cases} x_{ik} = \sum_{j=1}^{n} x_{ij}\lambda_j + w_i^-, w_i^- \geqslant 0 \\ y_{sk}^d = \sum_{j=1}^{n} y_{sk}^d \lambda_j - w_s^d, w_s^d \geqslant 0 \\ y_{qk}^u = \sum_{j=1}^{n} y_{qj}^u \lambda_j - w_q^u, w_q^u \geqslant 0 \end{cases} \tag{5-3}$$

当且仅当 $\rho = 1$，即 $w^- = 0$，$w^d = 0$，$w^u = 0$ 时决策单元有效。[②] 可构建超效率 SBM 模型：

$$\min\varphi = \frac{(1/m)\sum_{i=1}^{m}(\bar{x} / x_{ik})}{1/(r_1 + r_2)\left(\sum_{s=1}^{r_1} \bar{y}^d / y_{sk}^d + \sum_{q=1}^{r_2} \bar{y}^u / y_{qk}^u\right)}$$

① 宫大鹏、赵涛、慈兆程、姚浩：“基于超效率 SBM 的中国省际工业化石能源效率评价及影响因素分析”，《环境科学学报》，2015 年第 2 期，第 585－595 页。

② 任长娟：“基于 Super－SBM 模型的中国新型城镇化效率分析”，《荆楚理工学院学报》，2016 年第 4 期，第 67－74＋80 页。

$$s.t.\begin{cases}\bar{x} \geqslant \sum_{j=1,\neq k}^{n} x_{ij}\lambda_j, \bar{x} \geqslant x_k \\ \bar{y}^d \leqslant \sum_{j=1,\neq k}^{n} y_{sj}^d\lambda_j, \bar{y}^d \leqslant y_k^d \\ \bar{y}^d \geqslant \sum_{j=1,\neq k}^{n} y_{qj}^u\lambda_j, \bar{y}^d \geqslant y_k^u\end{cases} \quad (5-4)$$

其中，$\lambda_j > 0, j = 1, \cdots, n, j \neq 0$；$i = 1, \cdots, m$；$s = 1, \cdots, r_1$；$q = 1, \cdots, r_2$。①

本书在对绿色全要素生产率测度的过程中以劳动力投入、资本投入、能源投入为投入向量，以产值为期望产出向量，以环境污染为非期望产出向量，构建超效率 SBM 模型以测度绿色全要素生产率。

2. Malmquist 指数。Malmquist 指数法通过构造距离函数来考察 t 期至 $t+1$ 期决策单元生产效率的变化，是当前应用较为广泛的生产率评价方法。Malmquist 指数法的基础是引入距离函数 $D_i^t(x^t, y^t)$，可视为是投入产出向量（x^t，y^t）和生产可能性前沿之间的距离。若（x^t，y^t）位于生产可能性前沿上，则 $D_i^t(x^t, y^t)=1$；若（x^t，y^t）位于生产可能性前沿内，则 $D_i^t(x^t, y^t)<1$；若（x^t，y^t）位于生产可能性前沿外，则 $D_i^t(x^t, y^t)>1$。在此基础上，反映生产率变化的 Malmquist 指数可表示为：

$$M_i(x^t, y^t; x^{t+1}, y^{t+1}) = \left[\frac{D_i^t(x^{t+1}, y^{t+1})}{D_i^t(x^t, y^t)} \times \frac{D_i^{t+1}(x^{t+1}, y^{t+1})}{D_i^{t+1}(x^t, y^t)}\right]^{\frac{1}{2}} \quad (5-5)$$

式（5-5）中，(x^t, y^t)、(x^{t+1}, y^{t+1}) 分别表示 t 期、$t+1$ 期的投入产出向量，M_i 反映了相对于 t 和 $t+1$ 期技术前沿的距离函数的变化比例。若 $M_i>1$，表示由 t 期至 $t+1$ 期的生产率有所提高；若 $M_i=1$，表示由 t 期至 $t+1$ 期的生产率不变；若 $M_i<1$，表示由 t 期至 $t+1$ 期的生产率有所下降。

Malmquist 指数可进一步分解为技术效率变动（Efficiency Change,

① 宫大鹏、赵涛、慈兆程、姚浩：“基于超效率 SBM 的中国省际工业化石能源效率评价及影响因素分析”，《环境科学学报》，2015 年第 2 期，第 585-595 页。

EC）指数和技术进步变动（Technological Change，TC）指数的乘积，可表示为：

$$M_i(x^t, y^t; x^{t+1}, y^{t+1}) = \frac{D_i^{t+1}(x^{t+1}, y^{t+1})}{D_i^t(x^t, y^t)} \times \left[\frac{D_i^t(x^{t+1}, y^{t+1})}{D_i^{t+1}(x^{t+1}, y^{t+1})} \times \frac{D_i^t(x^t, y^t)}{D_i^{t+1}(x^t, y^t)}\right]^{\frac{1}{2}}$$

$$= EC \times TC \qquad (5-6)$$

式（5-6）中，技术效率变动指数 EC 反映单个决策单元向最佳前沿面的移动程度，衡量技术效率的改进，若 $EC>1$，则技术效率有所改善，反之则技术效率有所恶化。技术进步变动指数 TC 反映由 t 期至 $t+1$期前沿面的移动，衡量技术进步情况，若 $TC>1$，则存在技术进步，反之则出现技术退步。[①]

二、数据来源及说明

为便于后续的实证研究，本节中装备制造业的行业分类依据 WIOD 数据库所采用的 ISIC Rev. 4 分类标准，相关分类标准的对应情况已在前文中有所提及。

在此基础上可以构建相关投入指标和产出指标。本书以劳动投入、资本投入、能源投入作为投入指标，以产值作为期望产出指标，以环境污染作为非期望产出指标，从而构建了绿色全要素生产率的核算框架。

（一）投入层面

1. 劳动投入：以规模以上工业企业平均用工人数作为劳动投入指标，数据来源于《中国工业统计年鉴》和《中国统计年鉴》。

2. 资本投入：以规模以上工业企业固定资产净值作为资本投入指标，用固定资产投资价格指数将数据平减为以 1990 年为基期的不变价格数据，数据来源于《中国工业统计年鉴》和国家数据网站。

3. 能源投入：以规模以上工业企业能源消费总量作为指标，数据来源于《中国统计年鉴》。

---

① 任长娟：“基于 Super - SBM 模型的中国新型城镇化效率分析”，《荆楚理工学院学报》，2016 年第 4 期，第 67 - 74 + 80 页。

（二）产出层面

1. 期望产出。以规模以上工业企业的工业总产值作为期望产出指标，由于在2012年后相关年鉴不公布分行业工业总产值，因此用规模以上工业企业主营业务收入替代，用工业生产者出厂价格指数将数据平减为以1990年为基期的不变价格数据，数据来源于《中国统计年鉴》。

2. 非期望产出。以“工业三废”排放量（即工业废气排放量、工业废水排放量、一般工业固体废物产生量之和）作为非期望产出指标，为便于计算，本书用工业二氧化硫排放量来代表工业废气排放量，数据来源于《中国环境统计年鉴》和《中国环境年鉴》。

三、测度结果及分析

本书根据以上投入和产出数据，利用MaxDEA软件测度了2001—2015年中国装备制造业绿色全要素生产率变动指数（GTFP）、绿色技术效率变动指数（GEC）和绿色技术进步变动指数（GTC），如表5-4、表5-5、表5-6和图5-1所示。

表5-4　2001—2015年中国装备制造业绿色全要素生产率变动指数

年份	金属制品制造业	计算机、电子和光学产品制造业	电力设备制造业	机械和设备制造业	交通运输设备制造业
2001	1.083	1.068	1.041	1.142	1.271
2002	1.141	1.050	1.111	1.283	1.323
2003	1.173	1.057	1.504	1.225	1.235
2004	1.133	1.055	2.081	1.265	1.055
2005	1.065	0.987	1.061	1.112	1.136
2006	1.123	1.008	1.092	1.246	1.194
2007	1.124	1.003	1.065	1.258	1.777
2008	1.037	0.970	1.011	1.087	0.998
2009	1.061	1.034	1.073	1.223	1.098
2010	1.080	1.014	1.003	1.144	1.044

续表

年份	金属制品制造业	计算机、电子和光学产品制造业	电力设备制造业	机械和设备制造业	交通运输设备制造业
2011	1.156	1.025	1.073	1.415	1.028
2012	1.093	1.024	1.035	1.031	1.019
2013	1.017	1.031	1.026	1.378	1.047
2014	1.023	1.023	1.031	0.999	1.020
2015	1.123	1.032	1.017	1.116	1.044

资料来源：根据《中国工业统计年鉴》《中国统计年鉴》《中国环境统计年鉴》和《中国环境年鉴》的数据使用 MaxDEA 软件计算得出。

表 5-5 2001—2015 年中国装备制造业绿色技术效率变动指数

年份	金属制品制造业	计算机、电子和光学产品制造业	电力设备制造业	机械和设备制造业	交通运输设备制造业
2001	0.868	1.007	0.526	0.933	0.998
2002	1.001	1.019	0.948	1.128	1.152
2003	0.965	1.007	1.035	1.006	1.017
2004	1.026	1.003	1.821	1.121	0.934
2005	1.104	0.960	1.036	1.146	1.183
2006	1.073	0.952	1.099	1.197	1.150
2007	1.108	0.956	1.042	1.104	1.760
2008	1.044	0.959	0.978	1.083	1.031
2009	0.987	0.978	1.008	1.043	1.053
2010	1.021	0.980	0.926	1.079	1.018
2011	1.047	1.006	1.028	1.055	0.978
2012	1.051	1.007	1.003	0.966	0.987
2013	0.939	1.017	0.959	1.083	0.999
2014	0.960	0.982	1.023	0.925	0.990
2015	1.057	1.001	0.975	1.039	1.006

资料来源：根据《中国工业统计年鉴》《中国统计年鉴》《中国环境统计年鉴》和《中国环境年鉴》的数据使用 MaxDEA 软件计算得出。

表 5－6　2001—2015 年中国装备制造业绿色技术进步变动指数

年份	金属制品制造业	计算机、电子和光学产品制造业	电力设备制造业	机械和设备制造业	交通运输设备制造业
2001	1.248	1.061	1.977	1.224	1.274
2002	1.140	1.030	1.172	1.137	1.148
2003	1.216	1.050	1.453	1.218	1.215
2004	1.104	1.052	1.143	1.128	1.130
2005	0.965	1.028	1.024	0.970	0.961
2006	1.047	1.059	0.993	1.041	1.038
2007	1.015	1.050	1.022	1.140	1.010
2008	0.993	1.011	1.034	1.004	0.968
2009	1.075	1.057	1.064	1.173	1.043
2010	1.058	1.035	1.083	1.060	1.025
2011	1.105	1.020	1.044	1.342	1.051
2012	1.039	1.017	1.032	1.068	1.032
2013	1.083	1.014	1.070	1.273	1.048
2014	1.066	1.042	1.008	1.080	1.031
2015	1.063	1.031	1.043	1.074	1.038

资料来源：根据《中国工业统计年鉴》《中国统计年鉴》《中国环境统计年鉴》和《中国环境年鉴》的数据使用 MaxDEA 软件计算得出。

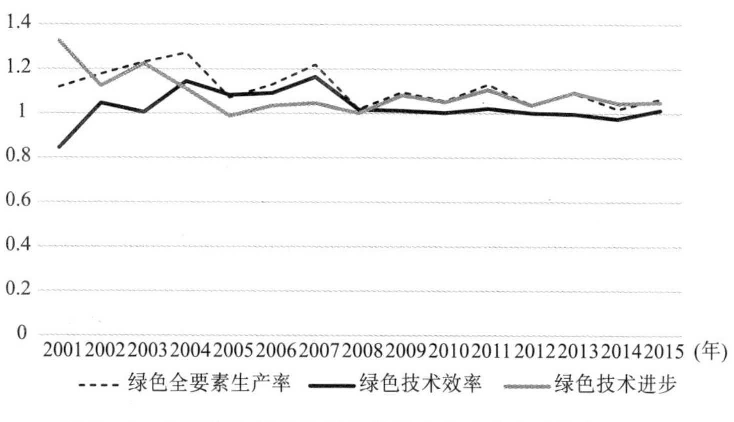

图 5－1　中国装备制造业绿色全要素生产率变动指数及分解

资料来源：根据《中国工业统计年鉴》《中国统计年鉴》《中国环境统计年鉴》和《中国环境年鉴》的数据使用 MaxDEA 软件计算得出。

从装备制造业高效化发展的总体情况来看，2001—2015 年我国装备制造业高效化程度不断提升。如图 5 - 1 所示，这一时期每年的绿色全要素生产率变动指数均大于 1，反映了我国装备制造业绿色全要素生产率呈现持续增长的趋势。2001—2015 年我国装备制造业绿色全要素生产率变动指数的均值为 1.12，表明我国装备制造业高效化程度以平均每年 12% 的速度增长。从装备制造业绿色全要素生产率的分解指数来看，绿色技术效率变动指数、绿色技术进步变动指数的均值分别为 1.03 和 1.09，反映了绿色技术效率和绿色技术进步分别以平均每年 3% 和 9% 的速度增长。上述数据结果显示，2001—2015 年我国装备制造业绿色全要素生产率的提升源于绿色技术效率和绿色技术进步的增长，其中，绿色技术进步是促进绿色全要素生产率上升的主要动力，除 2005 年出现负增长外，其余年份绿色技术进步均有着正向变动，对绿色全要素生产率增长的贡献度较高。相较之下，近年来我国装备制造业的绿色技术效率增长较慢，多数年份维持在临近值 1 左右的低增长或负增长，对绿色全要素生产率增长的贡献度较低。

从绿色全要素生产率变动指数的变化趋势来看，我国装备制造业的绿色全要素生产率变动指数在 2001—2007 年出现较大幅度波动，2008 年金融危机后绿色全要素生产率变动指数大幅下降，2009 年以后有所回升，在此后的年份变动逐渐趋于平稳。究其原因，在于绿色技术进步和绿色技术效率变动对其产生的影响。一方面，我国加入世界贸易组织（WTO）后，我国装备制造业融入产品内分工体系的速度加快，技术引进和技术溢出机制下的绿色技术进步增速较快，2001 年的增速达 32.5%，并在随后的几年出现较高增长。随着时间的推移，这种效应逐渐消减，使绿色技术进步增速下降并逐渐趋于平稳。另一方面，绿色技术效率变动指数在 2001—2007 年呈现波动上升的趋势，2008 年后下降至 1 左右，之后的年份绿色技术效率变动指数波动幅度很小。对于这一现象产生的原因，孟祥宁（2017）认为，随着我国工业发展进入结构调整时期，出现规模效率持续恶化的趋势，制约了绿色技术效率的提升。王欣（2010）指出，进入 21 世纪之初装备制造业的市场竞争较为充分，进入和退出壁垒较小，市场上的企业进入退出频繁，导致规模效率的大幅波动，带动绿色技术效率的波动；随着竞争的深入，市场规模趋于稳定，规模效率的变动幅度逐渐下降，从而降低绿色技术效率的波动。①

从装备制造业分行业情况来看，2001—2015 年我国机械和设备制造业高效化趋势最为明显，表现为绿色全要素生产率变动指数最高，绿色全要素生产率的平均增长率达到 19.5%，增长较快的原因主要在于较快的绿色技术进步和绿色技术效率改善。而在这一时期我国计算机、电子和光学产品制造业的高效化升级较为缓慢，表现为绿色全要素生产率变动指数最低，绿色全要素生产率的平均增长率仅为 2.5%，增长较慢的原因在于绿色技术效率恶化和绿色技术进步提升幅度最小。此外，金属制品制造业、电力设备制造业、交通运输设备制造业高效化发展速度居中，绿色全要素生产率的年均增速分别为 9.5%、14.8% 和 15.3%，这一结论和孟祥宁（2017）的测度结果较为一致。进一步考察绿色全要素生产率的分解情况，绿色技术效率变动指数最高的是交通运输设备制造业，平均增长率达到 8.4%；最低的是计算机、电子和光学产品制造业，平均增长率为负，在许多年绿色技术效率变动指数呈现负增长。绿色技术进步变动指数最高的是电力设备制造业，平均增长率达到 14.4%；最低的是计算机、电子和光学产品制造业，平均增长率仅为 3.7%。

综合来看，2001—2015 年我国装备制造业高效化程度不断提升，从绿色全要素生产率的分解情况来看，绿色技术进步是促成装备制造业高效化发展的主要动力，而绿色技术效率对高效化发展的贡献度较低。从装备制造业高效化发展的变动趋势来看，2001—2007 年我国装备制造业的高效化发展速度出现较大幅度波动，2008 年金融危机后高效化发展速度大幅下滑，2009 年以后有所回升，此后高效化发展逐渐趋于平稳。从装备制造业分行业情况来看，2001—2015 年我国机械和设备制造业高效化趋势最为明显，高效化发展较快的原因主要在于较快的绿色技术进步和绿色技术效率改善。

---

① 王欣："我国装备制造业全要素生产率测度"，西南财经大学，2010 年，第 117 页。

第三节
中国装备制造业服务化程度的测度

本节利用 OSIRIS 数据库和 A 股上市公司年报提供的资料，获取我国装备制造业及各子行业的服务业务数量，从而构建相关服务化指标，以测度我国装备制造业的服务化水平。

一、测度方法与指标选取

制造业服务化包括制造业产出服务化和制造业投入服务化两层含义，本书中讨论的是制造业产出服务化。现有文献测度制造业产出服务化程度主要包括以下三种方法：

第一，通过问卷调查形式收集数据，构建产出服务化指标进行评价。刘继国、赵一婷（2008）以我国东北老工业基地、珠三角、长三角的制造业企业作为样本进行问卷调查，收回有效问卷 132 份，并从服务的数量、广度、重视度三方面测度制造业产出服务化程度，并对影响制造业服务化的因素进行分析。姜铸和李宁（2015）以西安地区制造业企业的 181 份样本数据，构建相关指标计算西安制造业服务化水平。

第二，利用投入产出表计算制造业的服务品产出比重。黄群慧和霍景东（2014）、梁敬东和霍景东（2017）提出了制造业产出服务化系数的计算公式：$PSI_i=\frac{\sum S_i^j}{\sum Y_i}$。其中，$PSI_i$ 表示制造业部门 i 的产出服务化系数；j 表示各服务产品；$\sum S_i^j$ 表示制造业部门 i 生产服务产品 j 的价值量；$\sum Y_i$ 表示制造业部门 i 的总产出。一般来说，PSI_i 可以通过 WIOD 数据库的投入产出表中的供给表来计算得出。然而，由于 WIOD 提供的数据中我国的数据缺失，因此无法通过供给表得到我国制造业部门提供的服务产品价值量。由此，李美云（2007）、徐盈之和孙剑（2009）提出了相应的改进办法，即近似地认为服务投入会全部凝结于最终的服务产出中，从而用服务投入代替服务产出，将制造业 i 的服务中间投入占制造业 i 总产出中的比重来衡量制造业产出服务化水平。这类文献指出，尽管这种处理方式会使数据有所偏差，但方向上基本保持一致。然而实际上这种方法的误差较大，且有一些学者指出，服务投入的增加反而会抑制服务产出水平（黄群慧、霍景东，2014；梁敬东、霍景东，2017）。

第三，利用上市公司数据和资料计算制造业服务化程度，衡量制造业服务化的常见指标主要有服务业务收入比重和服务业务数量。以服务业务收入比重为指标的文献中，由于公开服务业务收入数据的上市公司数量较少，且多数年份数据缺失，为以服务业务收入比重为指标测度制造业服务化增添了难度。许立帆（2014）通过查阅上市公司年报，以服务收入占总营业收入比重为指标，分析了八家大型制造业企业的产出服务化水平。黄群慧、霍景东（2013）根据上市公司年报分析了15家有代表性的制造业企业产出服务化程度。为了更便捷地获取数据，肖挺等（2014）利用OSIRIS数据库中提供的上市公司信息，以“企业开展服务业务收入占总收入比重”为指标进行统计，其中，服务业务收入由“营业外收入”所替代。刘斌等（2015）也采用企业营业外收入指标，测度企业的产出服务化水平。其中，营业外收入用企业总营业收入减去主营业务收入来计算。然而，许多企业的服务收入列入主营业务收入中，而营业外收入是指与生产经营过程无直接关系，应列入当期利润的收入，包括非货币性资产交换利得、出售无形资产收益、债务重组利得、企业合并损益、盘盈利得、因债权人原因确实无法支付的应付款项、政府补助、教育费附加返还款、罚款收入、捐赠利得等，因此，使用“营业外收入”替代服务收入这一处理方法不甚妥当。对此，一些学者以服务业务数量为指标测度制造业服务化程度。Neely（2008）、陈洁雄（2010）、蔡三发和李珊珊（2016）、张煜晨（2017）根据OSIRIS全球上市公司分析库中的企业业务简介，以各企业所从事的服务业务数量作为服务化指标。

综合来看，第一种方法通过问卷形式收集数据的难度较大，现有文献所观测的样本数量较为有限；第二种方法由于 WIOD 提供的数据中我国的数据缺失，无法通过供给表获取我国制造业部门提供的服务产品价值量；第三种方法中，以服务业务数量作为测度指标的方法优于以服务收入比重作为测度指标的方法，因为公开服务业务收入数据的上市公司数量较少，且多数年份数据缺失，不易获得，而服务业务数量信息相对较易获得和统计。

本书选用第三种方法，但有所改进。Neely（2008）等文献通过筛取 OSIRIS 数据库中“业务概要说明”中的服务业务关键词来获取企业提供的服务业务数量，但“业务概要说明”不随时间变化而更新，且仅列出了企业提供的部分服务业务，对企业提供的服务业务数量存在严重低估。本书利用 OSIRIS 数据库提供的行业分类来确定企业所属行业，同时结合上市公司年报来确定历年企业提供的服务业务，计算装备制造业及其子行业的平均服务业务数量，从而测度我国装备制造业的服务化程度。

二、数据来源及说明

本书测度 2000—2017 年我国装备制造业产出服务化程度，数据和资料来源于 OSIRIS 全球上市公司分析库及上市公司年报。

根据欧洲行业分类代码（NACE Rev. 2）的行业分类标准，在 OSIRIS 全球上市公司分析库中获取装备制造业各行业的相关资料和数据。装备制造业各行业代码及名称为：25. 金属制品制造业；26. 计算机、电子和光学产品制造业；27. 电力设备制造业；28. 机械和设备制造业；29. 汽车、挂车和半挂车制造业；30. 其他交通运输设备制造业。为在后续的实证研究中便于和《中国统计年鉴》2011 年及以前的装备制造业行业分类相对应，将“29. 汽车、挂车和半挂车制造”与“30. 其他交通运输设备制造”合并为“交通运输设备制造业”，从而将装备制造业整理为五个行业。

在 OSIRIS 数据库中获取装备制造业上市公司信息后，通过股票代码筛选出A股上市公司，并搜索企业历年年报中的“公司业务概要”，查找企业提供的服务业务项目。经过统计，装备制造业企业提供的服务业务项目大致归为七类：

（1）维修与安装，包括安装、维修、保养、检测、售后服务等；

（2）物流与仓储，包括运输、配送、仓储、装卸等；

（3）营销与销售，包括市场营销、品牌维护、批发、零售等；

（4）咨询与培训，包括市场咨询、管理咨询、战略咨询、人员培训等；

（5）信息技术服务，包括软件开发、技术支持、系统维护、信息技术指导、数据处理等；

（6）研发与设计，包括研究与开发、产品设计等；

（7）金融服务，包括投资、保险等。

通过归类统计整理，可以计算出装备制造业平均服务业务数量，以衡量装备制造业服务化程度。

三、测度结果及分析

表5-7、表5-8和表5-9分别展示了2000年和2017年装备制造业上市企业提供的服务项目及比例、2017年装备制造业分行业提供服务的企业比例、2000—2017年装备制造业上市企业平均服务业务数量。同时，为了进一步考察装备制造业服务化程度，将装备制造业企业按总收入进行排序，排名前20的企业年报中，公开服务业务收入占总营业收入比重的企业如表5-10所示。

表5-7　2000年和2017年装备制造业上市企业提供的服务项目及比例

服务项目	2000年提供服务企业数目	2000年提供服务企业比例（%）	2017年提供服务企业数目	2017年提供服务企业比例（%）
维修与安装	35	19.44	138	37.10
物流与仓储	14	7.78	44	11.83
营销与销售	150	83.33	358	96.24

续表

服务项目	2000 年提供服务企业数目	2000 年提供服务企业比例（%）	2017 年提供服务企业数目	2017 年提供服务企业比例（%）
咨询与培训	22	12.22	45	12.10
信息技术服务	38	21.11	126	33.87
研发与设计	125	69.44	344	92.47
金融服务	34	18.89	81	21.77

资料来源：根据 OSIRIS 全球上市公司分析库和 A 股上市公司年报提供的资料整理得出。

表 5－8　　2017 年装备制造业分行业提供服务的企业比例　　单位:%

服务项目	金属制品制造业	计算机、电子和光学产品制造业	电力设备制造业	机械和设备制造业	交通运输设备制造业
维修与安装	23.08	29.73	47.46	42.86	37.18
物流与仓储	7.69	8.11	11.86	16.33	12.82
营销与销售	92.31	97.30	96.61	97.96	93.59
咨询与培训	19.23	15.32	11.86	9.18	8.97
信息技术服务	7.69	54.05	35.59	23.47	25.64
研发与设计	88.46	90.99	91.53	95.92	92.31
金融服务	7.69	19.82	25.42	29.59	16.67

资料来源：根据 OSIRIS 全球上市公司分析库和 A 股上市公司年报提供的资料整理得出。

表 5－9　　2000—2017 年装备制造业上市企业平均服务业务数量

年份	装备制造业	金属制品制造业	计算机、电子和光学产品制造业	电力设备制造业	机械和设备制造业	交通运输设备制造业
2000	2.32	1.40	2.32	2.26	2.63	2.07
2003	2.56	1.60	2.47	2.73	2.82	2.46
2006	2.67	1.73	2.59	2.85	3.01	2.44
2009	2.82	1.82	2.80	3.07	3.08	2.49
2012	2.90	1.79	2.95	3.16	3.10	2.67
2014	3.00	1.87	3.03	3.15	3.16	2.89
2017	3.05	2.46	3.15	3.20	3.15	2.87

资料来源：根据 OSIRIS 全球上市公司分析库和 A 股上市公司年报提供的资料整理得出。

表 5－10　2017 年装备制造业部分企业服务收入比重

企业名称	主要制造业务	主要服务业务	服务收入比重（%）
上海汽车集团股份有限公司	整车和零部件制造	金融业务	1.45
中国中车股份有限公司	铁路装备制造、城市基础设施建设	物流与贸易类业务	7.3
青岛海尔股份有限公司	家用电器制造	渠道综合服务业务	12.84
东风汽车集团股份有限公司	整车和动力总成制造	汽车金融业务	2.40
TCL 集团股份有限公司	智能产品制造	销售及物流服务	20.26
上海电气集团股份有限公司	新能源及环保设备制造、高效清洁能源设备制造、工业装备制造	现代服务业	17.18
四川长虹电器股份有限公司	综合家电制造	IT 分销及服务业务	24.14
中国国际海运集装箱（集团）股份有限公司	物流装备和能源装备制造	物流与金融业务	13.81
广州汽车集团股份有限公司	整车（汽车、摩托车）及零部件制造	商贸服务、金融业务	25.77

资料来源：根据上市企业年报中提供的资料整理得出。

进入 21 世纪以来，我国装备制造业服务化趋势明显。2000 年提供服务业务的上市企业共 164 家，占全部上市企业的比例为 91.11%；至 2017 年提供服务业务的上市企业增加至 372 家，占全部上市企业的比例上升至 100%。越来越多企业增加了产出服务化程度，如表 5－9 所示，2000—2017 年装备制造业上市企业平均服务业务数量由 2.32 项上升至 3.05 项，增长了 31.47%，反映了这一时期装备制造业企业提供服务项目的多样性快速提升。分行业来看，2017 年电力设备制造业企业提供的平均服务业务数量最多，为 3.2 项；金属制品制造业企业提供的平均服务业务数量最少，为 2.46 项。一些企业还由装备制造业企业完全转型为服务业企业，2017 年有 17 家计算机电子和光学制造业企业、6 家电力设备制造业企业、11 家机械和设备制造业企业、8 家交通运输设备制造业企业不再从事装备制造业务，彻底完成向服务业企业的转型。

从企业参与的服务项目及比例来看，营销与销售、研发与设计是我国装备制造业企业提供的主要服务业务。如表 5 - 7 所示，2017 年提供营销与销售的企业比例为 96.24%，提供研发与设计的企业比例为 92.47%，位列各类业务比例的前两名。维修与安装、信息技术服务是装备制造业服务化进程中增长最为迅速的两个服务项目，2000—2017 年提供维修与安装的企业由 35 家增长至 138 家，占比由 19.44% 上升至 37.10%；提供信息技术服务的企业由 38 家增长至 126 家，占比由 21.11% 上升至 33.87%。分行业来看，如表 5 - 8 所示，装备制造业子行业中提供维修与安装、物流与仓储、营销与销售、咨询与培训、信息技术服务的企业比例最高的行业分别为电力设备制造业、机械和设备制造业、金属制品制造业、计算机电子和光学产品制造业；装备制造业子行业中提供咨询与培训的企业比例最低的行业是交通运输设备制造业，提供其余服务项目的企业比例最低的行业均为金属制品制造业。

从企业的服务业务收入比重来看，表 5 - 10 提供的总收入排名靠前的装备制造业上市企业中，服务收入占总营业收入比重在 20% 以上的企业仅有广州汽车集团股份有限公司、四川长虹电器股份有限公司、TCL 集团股份有限公司三家，服务收入比重分别为 25.77%、24.14% 和 20.26%。其余企业服务收入比重均在 20% 以下，上海汽车集团股份有限公司、东风汽车集团股份有限公司的服务收入比重不足 5%。从这几家企业的数据来看，整体呈现出服务收入比重偏低的现状。

综合来看，2000—2017 年我国装备制造业服务化水平提升迅速，装备制造业企业提供服务项目的多样性快速提升。其中，营销与销售、研发与设计是我国装备制造业企业提供的主要服务业务，维修与安装、信息技术服务是这一时期增长最为迅速的两个服务项目。分行业来看，2017 年电力设备制造业企业提供的平均服务业务数量最多，金属制品制造业企业提供的平均服务业务数量最少，且是除咨询与培训外的各类服务项目中企业参与比例最低的行业，反映了金属制品制造业服务化程度较低，有待进一步提升。从企业的服务业务收入比重来看，部分装备制造业企业的服务收入比重偏低。由此看来，我国装备制造业服务化虽然取得了一定程度的发展，但仍需继续推进服务化进程，提高企业产出服务化水平，增加服务收入比重。

第四节 中国装备制造业高端化程度的测度

本节采用高技术装备制造业占装备制造业总产值的比重作为衡量装备制造业高端化的指标，测度我国装备制造业高端化水平。

一、测度方法与指标选取

本书提出的“装备制造业高端化”，是指装备制造业结构由低技术装备制造业向高技术装备制造业方向演进的过程，本质上反映了装备制造业内部结构升级情况。在选取测度指标时可以借鉴相关文献关于“制造业结构升级”或“工业结构升级”的测度指标。现有文献测度制造业结构升级或工业结构升级的指标主要有：（1）通过计算高技术产品占进出口商品的比例，作为衡量技术结构升级的依据（乔翠霞，2007）；（2）根据高技术制造业产值占制造业总产值比重、新兴制造业产值占制造业总产值比重，考察制造业结构高度化程度（王福君，2008）；（3）采用高新技术产业与非高新技术产业之比作为指标，衡量制造业内部结构高级化（唐晓华、刘相锋，2016）；（4）采用高加工度制造业占制造业的产值比重，即加工程度衡量区域制造业产业结构升级水平（綦良群、李兴杰，2011）；（5）采用霍夫曼比例，即消费资料工业净产值与资本资料工业净产值之比，以衡量工业内部产业结构演进的高度化程度。

根据装备制造业高端化的定义，并借鉴王福君（2008）构建指标的方法，装备制造业高端化程度可以用高技术装备制造业占装备制造业总产值的比重来衡量。对此，界定高技术装备制造业的范围成为构建高端化测度指标的关键。本书认为，高技术装备制造业既包括战略性新兴产业中的高端装备制造业，也包括高技术产业领域内的装备制造行业。

一方面，高端装备制造业作为战略性新兴产业之一，是引领一国经济和科技发展的关键产业，对国民经济长远发展起着重大引领带动作用。高端装备制造业具有知识技术密集、成长潜力大、综合效益好的特性，是促进装备制造业结构升级的重要引擎。另一方面，高技术产业的发展水平，可以反映制造业由低技术产业向高技术产业升级情况。高技术产业领域内的装备制造行业以当代尖端技术生产高附加值产品，它的发展水平是衡量装备制造业高端化的重要标志。

因此，本书所统计的高技术装备制造业是高端装备制造业和高技术产业领域内的装备制造行业这两部分的总和。根据《战略性新兴产业分类（2012）（试行）》和《“十三五”国家战略性新兴产业发展规划》，高端装备制造业①主要包括智能制造产业、航空产业、卫星及应用产业、轨道交通装备产业、海洋工程装备产业五个子行业。根据《中国高技术产业统计年鉴》的分类，高技术产业中属于高技术装备制造业范畴的产业，主要包括航空航天器制造业、电子及通信设备制造业、电子计算机及办公设备制造业、医疗器械及仪器仪表制造业。考虑到这两部分产业有重叠的情况以及数据可得性的限制，本书所统计的高技术装备制造业包括：航空航天器制造业、电子及通信设备制造业、电子计算机及办公设备制造业、医疗器械及仪器仪表制造业、轨道交通装备制造业、海洋工程装备与船舶制造业。②

按照装备制造业高端化的定义，采用高技术装备制造业产值占装备制造业总产值比重作为指标：

$$STU = \frac{\sum_{i=1}^{6} Y_i}{\sum_{n=1}^{7} Y_n} \quad (5-7)$$

其中，$\sum Y_n$ 表示装备制造业总产值；n 为装备制造业各行业，包括

---

① 这里需要说明的是，本书中提及的“装备制造业高端化”与“高端装备制造业”两个词中的“高端”所指范围并不相同。高端装备制造业是战略性新兴产业中的一个产业分类，包括智能制造产业、航空产业、卫星及应用产业、轨道交通装备产业、海洋工程装备产业五个子行业；装备制造业高端化中涉及的高技术装备制造业不仅涵盖了高端装备制造业的范围，还包括电子及通信设备制造业、电子计算机及办公设备制造业、医疗器械及仪器仪表制造业等高技术产业。

② 由于数据可得性的限制，高技术装备制造业未包含智能制造产业；同时将海洋工程装备与船舶制造业一起考量，合并为“海洋工程装备与船舶制造业”。

金属制品业，通用设备制造业，专用设备制造业，交通装备制造业，电气机械和器材制造业，计算机、通信和其他电子设备制造业，仪器仪表制造业；$\sum Y_i$ 表示高技术装备制造业各子行业产值加总；i 为高技术装备制造业各行业，包括航空航天器制造业、电子及通信设备制造业、电子计算机及办公设备制造业、医疗器械及仪器仪表制造业、轨道交通装备制造业、海洋工程装备与船舶制造业。

二、数据来源及说明

本节测度 1995—2014 年装备制造业高端化程度，装备制造业总产值和高技术装备制造业产值的数据来源于《中国统计年鉴》《中国高技术产业统计年鉴》《中国机械工业年鉴》、中经网统计数据库。由于在 2012 年后相关年鉴不公布制造业分行业的工业总产值，因此用主营业务收入替代。

三、测度结果及分析

1995—2014 年中国装备制造业高端化程度和装备制造业分行业产值比重如图 5－2 和表 5－11 所示。

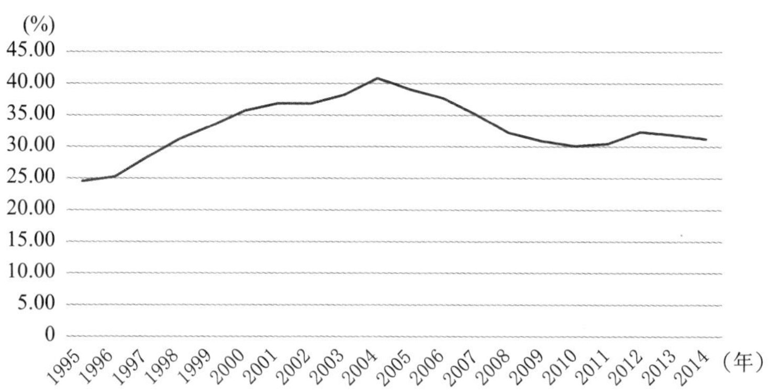

图 5－2　1995—2014 年中国装备制造业高端化程度

资料来源：根据《中国统计年鉴》《中国高技术产业统计年鉴》《中国机械工业年鉴》、中经网统计数据库计算得出。

表 5-11 1995—2014 年高技术装备制造业分行业产值比重 单位:%

年份	海洋工程装备与船舶制造业	轨道交通装备制造业	航空航天器制造业	电子及通信设备制造业	电子计算机及办公设备制造业	医疗器械及仪器仪表制造业
1995	1.53	1.28	1.89	14.80	2.73	2.31
1996	1.50	1.28	1.91	14.66	3.58	2.31
1997	1.52	1.24	1.73	16.93	4.62	2.34
1998	1.42	1.03	1.75	18.98	5.78	2.26
1999	1.37	0.94	1.56	21.50	5.78	2.22
2000	1.10	1.24	1.50	23.31	6.35	2.22
2001	1.02	1.26	1.52	23.05	7.87	2.15
2002	0.96	1.17	1.41	21.55	9.69	2.07
2003	1.18	0.86	1.12	20.35	12.93	1.80
2004	1.22	0.75	0.78	21.64	14.39	2.04
2005	1.37	0.78	0.96	20.54	13.23	2.16
2006	1.45	0.71	0.77	20.32	12.18	2.28
2007	1.44	0.63	0.76	18.77	11.25	2.29
2008	1.84	0.68	0.71	16.83	10.13	2.00
2009	2.25	0.82	0.73	15.71	9.07	2.35
2010	2.25	0.90	0.68	15.37	8.53	2.36
2011	2.69	1.09	0.71	15.80	7.74	2.46
2012	2.48	1.02	0.79	17.93	7.49	2.64
2013	1.99	1.00	0.86	18.33	7.02	2.68
2014	1.67	1.10	0.83	18.51	6.44	2.71

资料来源：根据《中国统计年鉴》《中国高技术产业统计年鉴》《中国机械工业年鉴》、中经网统计数据库计算得出。

从总体来看，1995—2014 年我国装备制造业高端化程度显著提升，如图 5-2 所示，我国装备制造业高端化程度由 1995 年的 24.55% 上升至 2014 年的 31.26%，增长了 27.33%，反映了这一时期我国装备制造业结构升级的事实。同时，1995—2014 年我国装备制造业高端化程度在上升过程中呈现一定的波动性，主要表现为 1995—2004 年主要呈增加趋势，在2004年达到40.83%的峰值后，在2005—2010年呈现下滑趋势。2011年以来，我国装备制造业高端化水平主要维持在（30%，33%）的区间内浮动。高端化程度呈现先升后降的现象，主要是因为高技术装备制造业在1995—2004年发展势头迅猛，高技术装备制造业的产值年均增长率达到25.38%，明显高于装备制造业18.49%的产值年均增长率，因此制造业高端化程度呈现上升趋势；在2004—2010年我国利用劳动力低成本优势发展中低技术制造业，从而造成高技术装备制造业的比重降低，这一时期高技术装备制造业的产值年均增长率下降为18.02%，低于装备制造业24.17%的产值年均增长率，因而制造业高端化程度呈现下降趋势。2010年后我国加大装备制造业升级步伐，促进2011—2012年高端化程度上升，但近年来国际市场需求萎靡，全球经济形势的不确定性加剧，特别是对高技术装备制造业构成一定的负面影响，致使2013—2014年高端化程度有小幅下降。

分行业来看，如表5-11所示，从2014年高技术装备制造业各子行业占装备制造业的产值比重来看，电子及通信设备制造业产值比重最高，为18.51%；电子计算机及办公设备制造业次之，比重为6.44%，这两个行业的发展情况对装备制造业高端化进程产生较大影响。海洋工程装备与船舶制造业、医疗器械及仪器仪表制造业、轨道交通装备制造业、航空航天器制造业的产值比重较小，均不足3%，其中航空航天器制造业产值比重最低，仅为0.83%。从产值比重增长速度来看，1995—2014年电子计算机及办公设备制造业的产值比重增长最快，增长率为136%，是促进装备制造业高端化发展贡献最大的行业。电子及通信设备制造业、医疗器械及仪器仪表制造业、海洋工程装备与船舶制造业的产值比重增长率分别为25%、17%和9%。

综合来看，1995—2014年我国装备制造业高端化程度有所提升，但总体呈现先升后降的趋势。装备制造业子行业中，2014年电子及通信设备制造业、电子计算机及办公设备制造业的产值比重较高，其发展情况对装备制造业高端化进程构成较大影响；计算机及办公设备制造业是促进装备制造业高端化发展贡献最大的行业。

本章小结

本章测度了我国装备制造业的产品内分工程度、高效化程度、服务化程度、高端化程度，以考察我国装备制造业参与产品内分工和产业升级的情况。

首先，本书利用 HIY 法构建垂直专业化率指标，测度我国装备制造业产品内分工程度。测度结果显示，2000—2014 年我国装备制造业参与产品内分工程度仅有小幅上升，而且呈现较大的波动性。从发展趋势上来看，2000—2007 年我国装备制造业产品内分工程度总体呈上升趋势，但从 2008 年开始出现下降趋势，直到 2010 年才有所回升，2011 年后我国装备制造业产品内分工程度出现较为明显的下降趋势。出现波动可能的原因在于金融危机冲击国际经济、我国劳动力比较优势弱化、贸易保护主义政策和“逆全球化”等因素带来的负面影响，不利于我国装备制造业产品内分工的深入推进。从装备制造业的分行业情况来看，计算机、电子和光学产品制造业是推进产品内分工的主力军，在 2000—2014 年始终保持着高水平的产品内分工程度；2014 年交通运输设备制造业的产品内分工程度最低，产品内分工水平滞后于其他各行业。

其次，本书选取绿色全要素生产率作为装备制造业高效化指标，运用超效率 SBM - Malmquist 方法测度我国装备制造业高效化程度。测度结果表明，2001—2015 年我国装备制造业高效化程度不断提升，绿色技术进步是促成装备制造业高效化发展的主要动力，而绿色技术效率对高效化发展的贡献度较低。从装备制造业高效化发展的变动趋势来看，2001—2007 年装备制造业的高效化发展速度出现较大幅度波动，2008 年金融危机后高效化发展速度大幅下滑，2009 年以后有所回升，此后高效化发展逐渐趋于平稳。从装备制造业分行业情况来看，2001—2015

年我国机械和设备制造业高效化趋势最为明显，而计算机、电子和光学产品制造业的高效化发展较为滞后，金属制品制造业、电力设备制造业、交通运输设备制造业高效化发展速度居中。

再次，本书利用 OSIRIS 数据库和 A 股上市公司年报提供的资料，获取我国装备制造业及各子行业的服务业务数量，从而构建相关服务化指标，以测度我国装备制造业的服务化水平。测度结果显示，2000—2017 年我国装备制造业服务化水平提升迅速，企业提供服务项目的多样性快速提升。其中，营销与销售、研发与设计是我国装备制造业企业提供的主要服务业务，维修与安装、信息技术服务是这一时期增长最为迅速的两个服务项目。分行业来看，电力设备制造业服务化程度最高，金属制品制造业服务化程度较为滞后，现阶段提高金属制品制造业服务化程度是加快我国装备制造业服务化升级的关键。从企业的服务业务收入比重来看，部分装备制造业企业的服务收入比重偏低。由此看来，我国装备制造业服务化虽然取得了一定程度的发展，但仍需继续推进服务化进程，提高企业产出服务化水平，增加服务收入比重。

最后，本书采用高技术装备制造业占装备制造业总产值的比重作为衡量装备制造业高端化的指标并进行测度。测度结果表明，1995—2014 年我国装备制造业高端化程度有所提升，但总体呈现先升后降的趋势。2010 年后我国加大装备制造业升级步伐，促进 2011—2012 年高端化程度上升，但近年来国际市场需求萎靡，全球经济形势的不确定性加剧，特别是对高技术装备制造业构成一定的负面影响，致使 2013—2014 年高端化程度有小幅下降。装备制造业子行业中，电子计算机及办公设备制造业是促进装备制造业高端化发展贡献最大的行业。

通过测度装备制造业的产品内分工程度、高效化程度、服务化程度和高端化程度，有助于考察我国装备制造业参与产品内分工和产业升级现状，同时也为接下来第六章的实证研究提供数据支撑。

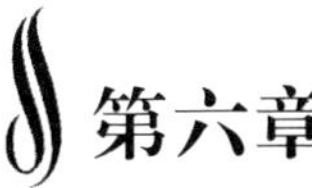

第六章 产品内分工对中国装备制造业升级影响的实证分析

本书第五章测度了我国装备制造业产品内分工程度，以及高效化、服务化、高端化程度，为本章进行实证分析提供可靠数据。本章以第四章的理论分析为基础，围绕产品内分工对我国装备制造业升级的影响进行实证研究，通过构建相关计量模型并分析回归结果，从而得出产品内分工对我国装备制造业高效化、服务化、高端化影响的相关结论。

第一节 产品内分工对中国装备制造业高效化影响的实证分析

本节以绿色全要素生产率作为装备制造业高效化指标，构建面板数据模型，分析装备制造业产品内分工程度对绿色全要素生产率及其分解的绿色效率变动指数和绿色技术进步指数的影响，以考察产品内分工对中国装备制造业高效化的影响。

一、模型的设定

第四章的理论分析表明，产品内分工对我国装备制造业高效化产生正向影响，产品内分工下的技术扩散效应、高级生产要素积累效应和规模经济效应，有助于我国装备制造业提高生产效率、实现技术升级。本书采用绿色全要素生产率作为衡量装备制造业高效化的指标，通过实证研究检验产品内分工对装备制造业高效化的影响，设定以下计量模型：

$$ln\ GTFP_{it} = \alpha_0 + \alpha_1 lnVSS_{it} + \alpha_2 lnER_{it} + \alpha_3 lnH_{it} + \alpha_4 ln\ ES_{it} + \varepsilon_{it} \quad (6-1)$$

为检验各解释变量在影响绿色全要素生产率（GTFP）时内在路径的差异，分别以绿色技术效率（GEC）和绿色技术进步（GTC）为被解释变量设定模型：

$$ln\ GEC_{it} = \alpha_0 + \alpha_1 lnVSS_{it} + \alpha_2 lnER_{it} + \alpha_3 lnH_{it} + \alpha_4 ln\ ES_{it} + \varepsilon_{it} \quad (6-2)$$

$$ln\ GTC_{it} = \alpha_0 + \alpha_1 lnVSS_{it} + \alpha_2 lnER_{it} + \alpha_3 lnH_{it} + \alpha_4 ln\ ES_{it} + \varepsilon_{it} \quad (6-3)$$

其中，i 代表行业；t 代表时间；$GTFP$ 表示绿色全要素生产率；GEC 表示绿色技术效率；GTC 表示绿色技术进步；VSS 表示产品内分工程度；ER 表示环境规制强度；H 表示人力资本水平；ES 表示能源消费结构，ε_{it} 表示随机误差项。

二、变量选取与数据说明

本节选取 2001—2014 年装备制造业各行业的面板数据作为样本。具体变量选取如下：

（一）被解释变量

被解释变量分别为绿色全要素生产率（GTFP）、绿色技术效率（GEC）、绿色技术进步（GTC），数据来源于第五章的测度结果。鉴于 Malmquist 指数测算的绿色全要素生产率、绿色技术效率、绿色技术进步为环比增长指数，为得到相应的绝对值，本书借鉴祁源（2017）的数据处理方法，假设 2001 年的绿色全要素生产率为 1，将 Malmquist 指数累积相乘得到相应年份绿色全要素生产率的绝对值。绿色技术进步与绿色技术效率也应用同样的处理方法，从而得到绝对值。

（二）解释变量

解释变量为产品内分工程度（VSS），数据来源于第五章的测度结果。

（三）控制变量

1. 环境规制强度（ER）：环境规制通过限制工业污染，倒逼企业采用绿色技术、清洁工艺，提高绿色技术创新水平，有利于促进绿色全要素生产率的提高。本书采用工业污染治理投资与工业总产值之比来衡量环境规制强度。其中，工业污染治理投资是废气治理设施运行费用和废水治理设施运行费用之和，由于固体废物治理设施运行费用数据无法得到，因此工业污染治理投资仅统计了废气废水治理设施运行费用。相关数据来源于《中国环境统计年鉴》《中国环境年鉴》《中国统计年鉴》和国家数据网站。

2. 人力资本水平（H）：人力资本作为高级生产要素的一种，它的提升有助于提高企业消化吸收再创新能力，加快技术创新，增强技术溢出效果，带动企业生产率的提高。本书采用大中型工业企业研究与试验发展人员全时当量来衡量人力资本水平，数据来源于国家数据网站、《中国科技统计年鉴》和《工业企业科技活动统计年鉴》。

3. 能源消费结构（ES）：能源消费结构中煤炭消费比重越大，则绿色全要素生产率越低。本书采用煤炭消费总量与能源消费总量之比来衡量能源消费结构。其中，能源消费总量数据来源于《中国统计年鉴》和国家数据网站，煤炭消费总量数据来源于国家数据网站。由于在2012年后相关年鉴不公布分行业工业总产值，因此用规模以上工业企业主营业务收入替代。变量描述性统计如表6－1所示。

表6－1　变量描述性统计

变量		均值	中位数	标准差	最大值	最小值
绿色全要素生产率	lnGTFP	0.995	0.919	0.687	2.492	0.040
绿色技术效率	lnGEC	0.204	0.078	0.429	1.060	－0.695

续表

变量		均值	中位数	标准差	最大值	最小值
绿色技术进步	lnGTC	0.791	0.695	0.449	1.711	0.060
产品内分工程度	lnVSS	-1.529	-1.594	0.267	-0.891	-1.945
环境规制强度	lnER	-7.814	-7.901	0.808	-5.863	-9.102
人力资本	lnH	11.294	11.412	1.104	12.919	8.329
能源消费结构	lnES	-1.778	-1.813	0.552	-0.667	-2.917

三、实证过程与结果分析

在进行回归之前，首先需要确定选用固定效应模型还是随机效应模型。对此，需要进行 Hausman 检验来进行判断。表 6-2 为 Hausman 检验结果，结果显示，模型（6-1）、模型（6-2）和模型（6-3）的 P 值均小于 0.05，从而均拒绝选择随机效应模型更有效的原假设，均采用固定效应模型来进行回归。

表 6-2　　Hausman 检验结果

模型	Chi^2 统计量	P 值
(6-1)	157.821	0.0000
(6-2)	152.938	0.0000
(6-3)	273.889	0.0000

表 6-3 中第 1-3 列分别为以 lnGTFP、lnGEC 和 lnGTC 作为被解释变量的回归结果。结果显示：（1）装备制造业产品内分工程度与绿色全要素生产率呈显著的正相关关系，产品内分工程度每上升 1%，引起绿色全要素生产率提高 0.71%，反映了产品内分工对我国装备制造业高效化产生积极影响。产品内分工程度也与绿色技术效率指数和绿色技术进步指数呈正相关关系，产品内分工程度每上升 1%，引起绿色技术效率指数提高 0.361%，绿色技术进步指数提高 0.349%，这反映出参与产品内分工程度的加深有利于装备制造业实现高效化发展。（2）环境规制强度与绿色全要素生产率、绿色技术效率指数、绿色技术进步指数均呈显著的负相关关系，可能的原因是环境规制强度的提高，促使污

染治理资金投入增加，而生产性投资减少，从而制约了生产率的提高。（3）人力资本水平与绿色全要素生产率、绿色技术效率指数、绿色技术进步指数呈正相关关系，这是由于人力资本数量与质量直接影响企业技术创新能力，因而人力资本水平的提高有助于装备制造业的高效化发展。（4）能源消耗结构与绿色全要素生产率、绿色技术效率指数、绿色技术进步指数呈显著的负相关关系，能源消费结构中煤炭消费的比重每上升1%，装备制造业绿色全要素生产率下降0.489%，绿色技术效率指数下降0.337%，绿色技术进步指数下降0.151%。

表6－3　　模型估计结果

变量	(1) lnGTFP	(2) lnGEC	(3) lnGTC
lnVSS	0.710***	0.361*	0.349**
	(2.86)	(1.90)	(2.53)
lnER	－0.317***	－0.212***	－0.104**
	(－3.40)	(－2.99)	(－2.02)
lnH	0.339***	0.082*	0.257***
	(5.61)	(1.78)	(7.67)
lnES	－0.489***	－0.337***	－0.151**
	(－3.89)	(－3.51)	(－2.17)
常数项	－5.089***	－2.430***	－2.660***
	(－6.32)	(－3.94)	(－5.95)
R^2	0.884	0.827	0.917

注：***、**、*分别表示1%、5%和10%的显著性水平。

实证结果有效验证了第四章的理论研究，产品内分工下产生的技术扩散效应、高级生产要素积累效应、规模经济效应，有利于我国加快装备制造业高效化升级。产品内分工背景下，跨国公司将非核心业务以外包的形式转移到我国，在此过程中产生技术扩散效应下的技术转移和技术溢出，将发达国家先进的生产技术和清洁型生产方式转移到我国企业，促进我国装备制造业企业技术升级和生产效率提高。同时，我国装备制造业企业在积极融入产品内分工体系过程中，通过“干中学”不断积累人力资本，提高生产性服务要素投入，优化生产要素结构，有利于加快装备制造业高效化发展。此外，产品内分工下的国际生产分割模式更有利于实现规模经济效应，提高投入要素利用程度，提升装备制造业规模效率。专业化分工生产使企业更专注于生产自身拥有比较优势的工序，促进各生产工序实现规模效应；产品内分工体系加深了各企业之间的技术经济联系，推动位于相似生产工序的企业以及上下游关联企业形成产业集聚，从而节约了大量生产成本和交易成本，提高规模效率，有效推动我国装备制造业企业高效化升级。

第二节 产品内分工对中国装备制造业服务化影响的实证分析

本节基于第四章的理论分析，构建相关模型，考察产品内分工对我国装备制造业服务化的影响。实证结果显示，装备制造业产品内分工程度与服务化程度之间呈“倒 U”型关系，产品内分工对装备制造业服务化的影响，前期主要表现为推动效应，后期主要表现为抑制效应。

一、模型的设定

第四章的理论分析表明，产品内分工通过需求驱动下的市场竞争效应和人力资本机制下的企业创新效应对我国装备制造业服务化产生正向影响。但产品内分工下跨国公司“俘获型”治理和战略隔绝机制下的低端锁定效应严重制约我国服务化水平的提升，对装备制造业升级构成负向影响。在正负两方面机制的作用下，产品内分工对装备制造业构成的影响方向尚不确定，有待进一步通过实证研究来考察。本书采用 A 股上市企业提供的服务业务数量作为衡量装备制造业服务化的指标，通过实证研究进一步考察产品内分工对我国装备制造业服务化的影响。设定以下基本模型：

$$YS_{it} = \beta_0 + \beta_1 VSS_{it} + \beta_3 SAD_{it} + \beta_4 H_{it} + \varepsilon_{it} \tag{6-4}$$

其中，i 代表行业；t 代表时间；YS 表示装备制造业服务化程度；VSS 表示产品内分工程度；SAD 表示生产性服务投入强度；H 表示人力资本水平；ε_{it} 表示随机误差项。

考虑到产品内分工对装备制造业服务化有着正负两方面影响，可能导致产品内分工与装备制造业服务化存在非线性关系，引入 VSS 的平方项，从而进一步设定以下模型：

$$YS_{it} = \beta_0 + \beta_1 VSS_{it} + \beta_3 SAD_{it} + \beta_4 H_{it} + \beta_4 VSS_{it}^{\ 2} + \varepsilon_{it} \quad (6-5)$$

二、变量选取与数据说明

本节选取 2000—2014 年装备制造业各行业的面板数据作为样本。具体变量选取如下：

（一）被解释变量

被解释变量为装备制造业服务化程度（YS），数据来源于第五章的测度结果。

（二）解释变量

解释变量为产品内分工程度（VSS），数据来源于第五章的测度结果。

（三）控制变量

1. 生产性服务投入强度（SAD）：一般来说，服务投入的增加有助于提高制造业服务化程度。本书采用直接消耗系数来衡量生产性服务投入强度，可采用如下公式进行计算：$SA_i = \frac{\sum S_i^j}{\sum Y_i}$。其中，$i$ 为装备制造业各行业，包括：金属制品制造业，计算机、电子和光学产品制造业，电力设备制造业，机械和设备制造业，交通运输设备制造业；j 为生产性服务业，包括：批发和零售业，运输和储存，信息和通信，金融和保险活动，专业、科学和技术活动等；$\sum S_i^j$ 表示装备制造业 i 生产过程中的生产性服务业中间投入；$\sum Y_i$ 表示装备制造业部门 i 的总产出。数据来源于 WIOD 世界投入产出数据库（2016 年版）提供的 2000—2014 年投入产出表。

2. 人力资本水平（H）：本书采用大中型工业企业研究与试验发展人员全时当量来衡量人力资本水平。数据来源于《中国科技统计年鉴》和《工业企业科技活动统计资料》和国家数据网站。变量描述性统计如表 6－4 所示。

表 6－4 变量描述性统计

变量	均值	中位数	标准差	最大值	最小值
装备制造业服务化程度（*YS*）	2.551	2.630	0.481	3.160	1.400
产品内分工程度（*VSS*）	0.222	0.201	0.067	0.410	0.143
生产性服务投入强度（*SAD*）	0.096	0.097	0.011	0.114	0.063
人力资本水平（*H*）	118833.8	82269	100578.6	407822	3812.58

三、实证过程与结果分析

在进行回归之前，需要进行 Hausman 检验来确定选用固定效应买模型还是随机效应模型。表 6－5 是 Hausman 的检验结果。结果显示，模型（6－4）和模型（6－5）的 P 值均小于 0.05，从而均拒绝原假设，选取固定效应模型来进行回归。

表 6－5 Hausman 检验结果

模型	Chi^2统计量	P 值
（6－4）	8.8339	0.0316
（6－5）	9.5650	0.0484

表 6－6 中的第 1 列为不考虑非线性影响因素的模型估计结果。结果显示：（1）*VSS* 的系数为正，表明装备制造业产品内分工程度与服务化程度之间呈正相关关系，反映了产品内分工对装备制造业服务化产生推动效应。（2）*SAD* 的系数显著为正，意味着生产性服务投入强度越高，装备制造业产出服务化的程度就越高。由此可知，装备制造业服务

化的实现在一定程度上来源于生产性服务业的支持。（3）*H* 的系数显著为正，意味着人力资本和装备制造业服务化程度之间呈现显著的正相关关系。

接下来还要讨论引入 VSS^2 后的模型估计结果，如表 6－6 中的第 2 列所示。结果显示：（1）*VSS* 的系数显著为正，VSS^2 的系数显著为负，反映了装备制造业产品内分工程度与制造业服务化程度之间呈“倒 U”型的关系，即随着产品内分工程度的不断加深，制造业服务化程度先呈现上升趋势，在到达临界点后会呈现下降趋势。因此，产品内分工对装备制造业服务化的影响，前期主要表现为推动效应，后期主要表现为抑制效应。由此看来，产品内分工程度的加深对于装备制造业服务化发展而言是一把“双刃剑”。（2）*SAD* 的系数显著为正，反映了生产性服务投入强度与装备制造业服务化程度之间呈显著的正向关系，表明装备制造业投入服务化对装备制造业产出服务化的推动作用。（3）*H* 的系数显著为正，反映了人力资本水平与装备制造业服务化程度之间呈显著的正向关系。由此可知，人力资本积累也是推动装备制造业服务化的重要因素。

表 6－6　　　　模型估计结果

变量	（1） *YS*	（2） *YS*
VSS	1.887*	14.523**
	(1.71)	(2.58)
VSS^2		－28.864***
		(－2.83)
SAD	6.640***	20.416***
	(3.42)	(2.86)
H	1.64E－06***	3.00E－06***
	(4.62)	(3.50)
常数项	2.574***	－1.438
	(11.58)	(－1.39)
R^2	0.984	0.573

注：***、**、*分别表示1%、5%和10%的显著性水平。

从实证结果中可以得出结论，产品内分工程度与装备制造业服务化水平之间呈“倒U”型的非线性关系，这一现象可以从产品内分工进程与装备制造业发展阶段的内在联系来讨论。在我国初步融入产品内分工体系时，我国装备制造业企业发展受益于人力资本积累机制下的企业创新效应，为推动企业技术创新能力和提高市场创新能力，进而实现服务化升级提供了条件。同时，随着市场需求由产品导向向产品—服务导向转变，我国装备制造业企业在参与产品内分工过程中面临着日益激烈的市场竞争压力，竞相通过强化研发水平、提高技术服务、加强品牌建设、创新商业营销模式等方式不断提高我国企业的核心竞争力，优化服务水平和质量。因此，这一时期产品内分工对装备制造业服务化的推动效应大于抑制效应。但随着我国产品内分工进程深入推进，发达国家跨国公司会阻碍我国装备制造业企业继续进行功能升级，对我国装备制造业企业进行“俘获型”治理和设置限制性壁垒，使我国企业在全球价值链分工中的从属地位得到强化，陷入长期被“低端锁定”的困境，不利于装备制造业的功能升级和服务化发展，在此期间产品内分工对装备制造业服务化的抑制效应大于推动效应。这一结论有效验证了本书第四章的理论研究，并从制造业产出服务化的角度证实了刘志彪和张杰(2007)、王玉燕等（2014）等文献提出的“全球价值链嵌入不利于发展中国家企业实现功能升级”的观点。

第三节 产品内分工对中国装备制造业高端化影响的实证分析

本节通过构建向量误差修正模型对产品内分工与装备制造业高端化的关系进行检验，通过考察长期协整关系和短期调整机制，从而得出产品内分工对我国装备制造业高端化影响的相关结论。

一、模型的设定

第四章的理论分析表明，在产品内分工对我国装备制造业高端化的影响方面，产生了后发优势条件下的技术跨越效应、产业融合机制下的产业结构升级效应，从而对我国装备制造业高端化产生积极影响；但同时也产生了技术引进机制下的路径依赖效应，不利于高端化进程的持续发展。本书采用高技术装备制造业占装备制造业产值比重作为衡量装备制造业高端化的指标，通过实证研究来考察产品内分工对装备制造业高端化的影响。

本书通过构建向量误差修正模型（VEC 模型），对产品内分工与装备制造业高端化的关系进行实证研究。VEC 模型是具有协整约束的 VAR 模型。向量自回归模型（VAR 模型）可以通过挖掘数据的统计性质，将时间序列系统中每个内生变量作为系统中所有内生变量的滞后值的函数来构造模型，将单变量自回归模型推广为由多元时间序列变量组成的向量自回归模型，从而预测相互联系的时间序列系统及分析随机扰动对变量系统的动态冲击。[①] 然而，VAR 模型仅适用于平稳时间序列，对于非平稳序列，通过协整检验后，可以构建 VEC 模型：

$$\Delta y_t = \alpha\, ecm_{t-1} + \sum_{i=1}^{p-1} \Phi_i \Delta y_{t-i} + \varepsilon_t \qquad (6-6)$$

式（6－6）中，ecm_{t-1} 为误差修正向量，反映变量之间的长期均衡关系；α 为系数矩阵，反映变量偏离长期均衡状态时的调整力度。[②] 相比 VAR 模型仅能分析变量的长期影响，VEC 模型的优势在于可以分析变量之间的短期变化影响，以及变量之间的长期关系。

二、变量选取与数据来源

本节利用 1995—2014 年产品内分工程度和装备制造业高端化数据，

---

① 仇冬芳、周月书：“我国环境规制与污染密集型产业发展的协整机制——基于 VAR 模型和 VEC 模型的实证研究”，《技术经济》，2013 年第 6 期，第 65－71 页。

② 高铁梅：《计量经济分析方法与建模》，清华大学出版社 2009 年版，第 295－296 页。

考察产品内分工对装备制造业高端化升级的影响，变量选取如下：

1. 产品内分工程度（VSS）：2000—2014年装备制造业产品内分工程度已在第五章根据WIOD数据库（2016年版）的投入产出数据，采用HIY方法得出测度结果。为增加样本量，还需测度1995—1999年垂直专业化率，可使用相同方法根据WIOD数据库（2013年版）投入产出数据计算得出①，数据来源于WIOD数据库和联合国商品贸易统计数据库。

2. 装备制造业高端化程度（STU）：采用高技术装备制造业各子行业产值之和占装备制造业总产值比重作为衡量装备制造业高端化程度的指标，在第五章中已得出测度结果，数据来源于《中国统计年鉴》《中国工业统计年鉴》《中国高技术产业统计年鉴》《中国机械工业年鉴》和中经网统计数据库。

三、实证过程与结果分析

（一）平稳性检验

对于非平稳时间序列，在回归中可能出现模型显著性和拟合优度良好，但实际上回归结果无效的情况，这种现象被称为“伪回归”。为避免“伪回归”现象的发生，在建模前要对数据进行平稳性检验。本节采用*ADF*检验法，运用EViews8软件对*VSS*和*STU*进行平稳性检验，结果如表6-7所示。

① WIOD数据库（2013年版）收录了1995—2011年27个欧盟国家和13个其他主要国家的投入产出数据，其中，装备制造业包括基本金属和金属制品、机械、电力和光学设备、交通运输设备。WIOD数据库（2016年版）收录了2000—2014年28个欧盟国家和15个其他主要国家的投入产出数据。其中，装备制造业包括：金属制品制造业，计算机、电子和光学产品制造业，电力设备制造业，机械和设备制造业，汽车挂车和半挂车制造业，其他运输设备制造业。WIOD数据库的2013年版和2016年版投入产出数据虽然对装备制造业的行业分类不同，但在测度装备制造业总体的产品内分工程度上具有较好的时间连续性。

表6－7　　单位根检验结果

变量	检验类型 (c, t, k)	ADF 统计量	1% 临界值	5% 临界值	10% 临界值	检验结果
VSS	(c, t, 0)	-0.371866	-4.532598	-3.673616	-3.277364	不平稳
STU	(0, 0, 1)	-0.208941	-2.699769	-1.961409	-1.606610	不平稳
ΔVSS	(0, 0, 0)	-3.036538	-2.699769	-1.961409	-1.606610	平稳
ΔSTU	(0, 0, 0)	-1.979296	-2.699769	-1.961409	-1.606610	平稳

注：c、t、k 代表单位根检验的截距项、趋势项和滞后阶数。

单位根检验结果显示，VSS 和 STU 的原序列是非平稳序列，但它们的一阶差分序列 ΔVSS 和 ΔSTU 在5%的显著水平下是平稳序列。从而可以判断 VSS 和 STU 是一阶单整序列，满足进行协整关系检验的要求，并可通过建立向量误差修正模型，来讨论两者的长短期均衡关系。

（二）协整检验

协整检验是考察变量之间是否存在长期稳定均衡关系的一种方法。时间序列 VSS 和 STU 均为一阶单整序列，符合协整关系的前提，由此可知，VSS 和 STU 之间可能存在某种平稳的线性组合，这个线性组合反映了变量之间长期稳定的均衡关系，即协整关系。本书采用 Johansen 协整检验方法对 VSS 和 STU 的关系进行检验，协整检验结果如表6－8所示。

表6－8　　Johansen 协整检验结果

原假设	特征值	迹统计量	5% 显著水平下临界值	P 值
None	0.684993	25.21989	20.26184	0.0095
At most 1	0.343664	6.737323	9.164546	0.1410

表6－8的检验结果显示，在5%的显著水平下，STU 与 VSS 均存在且仅存在1个协整关系，从而 STU 与 VSS 之间存在长期稳定的协整关系。可建立如下协整方程：

$$STU_{t-1} = 0.0759\, VSS_{t-1} + 0.3259 + ecm_t \qquad (6-7)$$

由协整方程可知，从长期来看，我国装备制造业的产品内分工程度与高端化程度存在稳定均衡的协整关系，产品内分工会对装备制造业高端化产生正向影响，即产品内分工程度每上升 1 个单位，装备制造业高端化程度就会上升 0.0759 个单位。

（三）*VEC* 模型

协整关系检验结果表明，*STU* 与 *VSS* 存在长期协整关系，因此符合使用 *VEC* 模型的条件。*VEC* 模型是对变量施加了协整约束条件的 *VAR* 模型，只能用于对存在协整关系的序列建模。两变量之间存在协整关系，就一定存在误差修正表达式。将长期均衡模型的误差项作为解释变量引入模型，连同其他反映短期波动的解释变量一起，构建 *VEC* 模型，该模型可用于描述变量之间的长期均衡关系对短期波动负反馈的调整机制。[①] *VEC* 模型表示为：

$$\begin{aligned}\Delta STU_t = & -0.3227\, ecm_{t-1} + 0.3569\,\Delta STU_{t-1} + 0.0118\,\Delta STU_{t-2} \\ & + 0.3671\,\Delta STU_{t-3} + 0.2519\,\Delta VSS_{t-1} + 0.0040\,\Delta VSS_{t-2} \\ & - 0.1176\,\Delta VSS_{t-3} - 0.0028 \qquad (6-8)\end{aligned}$$

上述模型中，ecm_{t-1} 表示误差修正项，*STU* 的误差修正项系数为负，符合反向修正机制，意味着误差修正机制将对装备制造业高端化的偏离起到反向修正作用，偏离部分将以（-0.3227）的调整力度被修正。式（6-8）表明，在其他影响因素不变的情况下，前 1 期产品内分工程度每上升 1 个单位，服务化程度就会上升 0.2519 个单位；前 2 期产品内分工程度每上升 1 个单位，服务化程度就会上升 0.004 个单位；前 3 期产品内分工程度每上升 1 个单位，服务化程度就会下降 0.1176 个单位。

实证结果表明，从长期协整关系来看，根据协整方程（6-7），我国装备制造业参与产品内分工程度与高端化程度之间存在长期稳定的协整关系，这意味着产品内分工会对装备制造业高端化产生正向影响，即产品内分工程度每上升 1 个单位，装备制造业高端化程度就会上升 0.0759 个单位。从短期调整机制来看，根据误差修正模型（6-8），表

---

① 仇冬芳、周月书："我国环境规制与污染密集型产业发展的协整机制——基于 VAR 模型和 VEC 模型的实证研究"，《技术经济》，2013 年第 6 期，第 65—71 页。

明当我国装备制造业高端化程度与产品内分工程度之间的关系偏离长期均衡时，在短期内将向均衡关系修正。

实证结果显示，产品内分工对我国装备制造业高端化带来的正效应大于负效应。根据第四章的理论分析，产品内分工对我国装备制造业高端化产生了正向影响机制和负向影响机制，前者包括后发优势条件下的技术跨越效应、产业融合机制下的产业结构升级效应，后者主要是技术引进机制下的路径依赖效应。对于我国装备制造业而言，产品内分工下国际技术转移为我国装备制造业跨越式发展和高端化升级提供了条件；装备制造业和生产性服务业的产业融合的加快，为我国高技术装备制造业的发展和产业结构升级提供了帮助，因此从总体来看，产品内分工对我国装备制造业高端化的积极影响占据主流。

本章小结

本章围绕产品内分工对我国装备制造业升级的影响进行实证研究，通过构建相关计量模型并分析回归结果，从而得出产品内分工对我国装备制造业高效化、服务化、高端化影响的相关结论。

在产品内分工对我国装备制造业高效化影响的实证研究中，本书以绿色全要素生产率作为装备制造业高效化指标，构建面板数据模型，分析装备制造业产品内分工程度对绿色全要素生产率及其分解的绿色效率变动指数和绿色技术进步指数的影响，以考察产品内分工对中国装备制造业高效化的影响。研究结果显示，产品内分工对我国装备制造业绿色全要素生产率、绿色技术效率和绿色技术进步的提高具有显著的推动作用，这意味着我国参与产品内分工程度的加深有利于装备制造业实现高效化发展。

在产品内分工对我国装备制造业服务化影响的实证研究中，本书首先建立线性回归模型进行回归，研究结果表明，装备制造业产品内分工程度与服务化程度之间呈正相关关系，反映了产品内分工对我国装备制造业服务化产生推动效应。接下来，基于理论分析，在原有模型中引入产品内分工程度的平方项进行回归，以检验产品内分工与服务化之间是否存在非线性关系。结果显示，装备制造业产品内分工程度与服务化程度之间呈“倒U”型关系。产品内分工对装备制造业服务化的影响，前期主要表现为推动效应，后期主要表现为抑制效应。

在产品内分工对我国装备制造业高端化影响的实证研究中，本书通过构建向量误差修正模型，对产品内分工与装备制造业高端化的关系进行检验。研究结果表明，从长期协整关系来看，我国装备制造业参与产品内分工程度与装备制造业高端化程度之间存在长期稳定的协整关系，这意味着产品内分工会对装备制造业高端化产生正向影响，产品内分工程度每上升1个单位，装备制造业高端化程度就会上升0.0759个单位。从短期调整机制来看，当我国装备制造业高端化程度与产品内分工程度之间的关系偏离长期均衡时，在短期内将向均衡关系修正。

综合来看，一方面，产品内分工的不断推进有利于装备制造业高效化和高端化发展，由此可知，积极参与国际分工是加快我国装备制造业升级的重要途径。另一方面，产品内分工对装备制造业服务化发展有着正负两方面的影响，且随着融入产品内分工程度的加深，我国装备制造业的发展逐渐进入瓶颈期，负面效应日益凸显。因此，我国也要警惕产品内分工对我国装备制造业升级带来的风险。

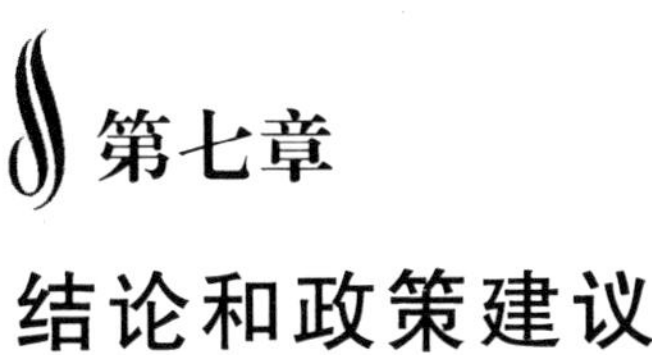

第七章 结论和政策建议

本章针对全文研究内容进行总结后形成结论，并提出加快我国装备制造业升级、提升我国装备制造业产品内分工地位的相关政策建议。

第一节 主要结论

本书围绕产品内分工与中国装备制造业升级问题展开研究，根据全文各章节的理论和实证分析主要得出以下结论：

第一，改革开放以来，我国装备制造业发展大致经历了1978—2000年的初步成长阶段、2001—2008年的快速发展阶段、2009年至今的转型升级阶段。当前，我国正处于装备制造业转型升级的关键时期。近年来，在产业政策的推动下，装备制造业升级取得了一定成效，装备制造业已成为支撑制造业发展的重要基石和推动制造业产品研发与技术创新的主力军，其重要性正在日益凸显。然而，目前我国装备制造业发展陷入增速放缓、产品内分工地位偏低、国际竞争力不强的困境，进入产业发展的瓶颈期，仍有待进一步升级。

第二，从机理分析来看，在产品内分工对我国装备制造业高效化的影响方面，产生技术扩散效应、高级生产要素积累效应和规模经济效应，有助于我国装备制造业高效化升级。在产品内分工对我国装备制造业服务化的影响方面，一方面产生需求驱动下的市场竞争效应、人力资本积累机制下的企业创新效应，有利于我国装备制造业提高服务化水平和质量，加快全球价值链攀升；另一方面在发达国家跨国公司“俘获型”治理和战略隔绝机制下产生了低端锁定效应，不利于我国装备制造业企业的服务化发展和功能升级的实现。在产品内分工对我国装备制造业高端化的影响方面，产生后发优势条件下的技术跨越效应、产业融合机制下的产业结构升级效应，对我国装备制造业高端化升级产生积极影响，但同时也产生了路径依赖效应，不利于高端化进程的持续发展。由此看来，参与产品内分工对我国装备制造业升级而言是一把“双刃剑”，有着正负两方面的影响。

第三，从我国装备制造业参与产品内分工程度与升级情况来看，首先，2000—2014 年我国装备制造业参与产品内分工程度仅有小幅上升，且呈现较大的波动性，出现波动的原因可能在于金融危机冲击国际经济、我国劳动力比较优势弱化等因素带来的负面影响，不利于我国装备制造业产品内分工的深入推进。其次，2001—2015 年我国装备制造业高效化程度不断提升，绿色技术进步是促成装备制造业高效化升级的主要动力，而绿色技术效率对高效化升级的贡献度较低。再次，2000—2017 年我国装备制造业服务化水平提升迅速，企业提供服务项目的多样性快速提升，但部分装备制造业企业的服务收入比重偏低，仍需继续推进服务化进程。分行业来看，电力设备制造业服务化程度最高，金属制品制造业服务化程度较为滞后，现阶段提高金属制品制造业服务化程度是加快我国装备制造业服务化升级的关键。最后，1995—2014 年我国装备制造业高端化程度有所提升，但总体呈现先升后降的趋势。装备制造业子行业中，电子计算机及办公设备制造业是促进装备制造业高端化发展贡献最大的行业。

第四，从产品内分工对我国装备制造业升级影响的实证研究结果来看，首先，产品内分工对我国装备制造业绿色全要素生产率的提高具有显著的推动作用，表明我国参与产品内分工程度的加深有利于装备制造业实现高效化发展。其次，装备制造业产品内分工程度与服务化程度之间呈“倒U”型的非线性关系，即产品内分工对装备制造业服务化的影响，前期主要表现为推动效应，后期主要表现为抑制效应。最后，我国装备制造业参与产品内分工程度与高端化程度之间存在长期稳定的协整关系，这意味着产品内分工会对装备制造业高端化产生正向影响；从短期调整机制来看，当我国装备制造业高端化程度与产品内分工程度之间的关系偏离长期均衡时，在短期内将向均衡关系修正。综合来看，一方面，深化产品内分工参与程度是促进我国装备制造业高效化和高端化升级的重要途径，应积极参与产品内分工以加快装备制造业升级。另一方面，产品内分工对装备制造业服务化发展有着正负两方面的影响，且随着融入产品内分工程度的不断加深负向效应日益凸显，因此也要警惕产品内分工对装备制造业升级带来的风险和负面影响。

第五，产品内分工下我国装备制造业升级受到国际和国内相关因素的制约。从国际制约因素来看，一方面，发达国家“再工业化”战略进一步强化发达国家固有竞争优势，为我国装备制造业向全球价值链高端攀升增加了难度；另一方面，以东南亚国家为代表的部分发展中国家加工贸易的崛起，加速弱化了我国廉价劳动力比较优势，加大了装备制造业低端市场的国际竞争，使我国代工企业的生存和发展面临着严峻的考验。从国内制约因素来看，我国装备制造业升级的内部动力不足，存在自主创新能力不强、生产性服务业对装备制造业升级的支持效果有限、人力资本积累不足且结构层次偏低等问题，制约我国装备制造业产品内分工地位的提升。对此，我国应积极应对来自外部的各类挑战，着力解决制约我国装备制造业发展的内部问题，从而加快装备制造业升级步伐，向全球价值链高端迈进。

第二节
政策建议

产品内分工下我国装备制造业发展陷入增速放缓、产品内分工地位偏低、产业国际竞争力不强的困境，同时也面临着来自国内外的多方面制约因素。为加快我国装备制造业升级步伐、提高产品内分工地位，应以创新驱动重点领域突破发展，提高企业自主创新能力；培育高级生产要素比较优势，加快人力资本积累与生产性服务业发展；积极构建区域价值链分工体系，着力提高产业国际竞争力，以实现制造强国的战略目标，加快装备制造业高效化、服务化、高端化发展。

一、以创新驱动重点领域突破发展，提高企业自主创新能力

当前，我国装备制造业发展亟需寻找新动力来加快产业升级步伐，实现制造强国的战略目标。自主创新是促进装备制造业升级和高质量发展的重要源泉，我国应以创新推动重点领域突破发展，提升全球价值链地位；提高企业自主创新能力，逐步摆脱核心技术和关键设备的对外依赖，从而以创新驱动装备制造业高效化、服务化、高端化升级。

（一）以创新驱动重点领域突破发展，提升全球价值链地位

创新是驱动产品内分工下装备制造业升级的重要机制，是否实施自主创新战略将决定一国能否在新一轮产品内分工布局中获得主动权。2015 年 5 月，国务院发布《中国制造 2025》作为我国实施制造强国战略的第一个十年行动纲领，提出要“突出创新驱动，实现中国制造向中国创造的转变的战略任务”，“坚持把创新摆在制造业发展全局的核心位置，走创新驱动的发展道路”[①]。我国应积极实施自主创新战略，积极推进研发创新、品牌创新，向全球价值链的中高端攀升，加快由“制造大国”向“制造强国”的迈进。《中国制造 2025》指出，我国制造业发展存在自主创新能力弱、关键核心技术和高端装备对外依存度高、高端装备制造业发展滞后等问题，并将集成电路及专用装备、高档数控机床、航空航天装备、海洋工程装备及高技术船舶、先进轨道交通装备、电力装备、农机装备等装备制造业行业列入亟需突破发展的重点

---

① 资料来源于中国政府网。

领域。对此，当前实施自主创新战略的首要任务是提高上述重点领域的自主创新水平，加大研发投入，加强市场能力提升和品牌维护，提高关键设备和核心零部件的国产化程度，从而加快重点领域的升级步伐，实现全球价值链攀升和服务化升级。

（二）提高企业自主创新能力，逐步摆脱核心技术和关键设备的对外依赖

造成企业自主创新能力不足的关键因素是研发资金上的制约，一方面在于企业的研发投入不足，资金用于技术创新、技术改造与消化吸收的比例较小，而将大量资金用于技术引进；另一方面在于政府对企业自主创新的资金支持力度不足。对此，首先，企业应加大技术创新、技术改造与消化吸收投入力度，增设研发机构，加快提升技术创新和技术改造能力，在技术引进过程中加强对溢出知识与技术的吸收，并积极寻求将引进技术转化为自主创新，以打破发达国家跨国公司的技术垄断和技术封锁。其次，鉴于核心技术和关键设备的研发投入大、难度高、周期长，因此政府应加大对装备制造业企业自主创新的扶持力度，特别是应对高技术装备制造业企业加大资金支持与政策指导，从而帮助一些企业走出“高研发投入、低研发效率”的困境，从长远来看有助于我国摆脱对外国核心技术和关键设备的依赖。同时，由于中小企业资金短缺、技术创新能力弱的问题较为突出，政府应加快构建满足中小企业需求的多层次融资体系，有效解决企业融资难、融资贵的问题，使其成长为推动我国装备制造业升级的重要力量。最后，政府还应为企业自主创新营造良好的制度环境，加快完善知识产权保护制度，坚决打击侵权行为。通过对企业自有品牌和专利技术进行强有力的保护，增强我国企业自主创新的积极性，从而为我国装备制造业的持续发展注入活力，加快我国装备制造业高效化、服务化、高端化发展。

二、培育高级生产要素比较优势，加快人力资本积累与生产性服务业发展

产品内分工理论本质上是对比较优势理论的进一步深化，各国企业

按比较优势从事全球价值链上不同环节、不同工序的生产活动，进而形成产品内国际分工体系。近年来，东南亚国家利用比我国更低廉的劳动力比较优势迅速发展加工贸易，吸引了大量订单，而我国劳动力价格上涨迅速，原有的廉价劳动力比较优势日益减退，以国际代工发展低端装备制造业的模式已不可持续，当前我国亟需培育和形成新的生产要素比较优势，使之成为提高我国装备制造业国际竞争力、加快服务化和高端化升级的重要途径。

在产品内分工进程的快速推进下，培育高级生产要素比较优势是符合产业发展规律、适应国际市场需求的有效升级方式。与初级生产要素相比，高级生产要素可以形成更具决定性和持续性的竞争优势，使产业提升效果更为显著。然而，高级生产要素较难从外部获取，因此应积极自主培育高级生产要素比较优势，不断优化装备制造业生产要素投入结构。具体来说，应从积累和提升人力资本、生产性服务要素两方面着手来培育高级生产要素比较优势。

（一）加快人力资本积累，优化人力资本结构

当前，我国装备制造业人力资本结构性短缺问题突显，技术专家、高级技工和企业家等技能型、创新型人力资本不足，对装备制造业发展形成制约。对此，应加快对技能型、创新型人才的培养，加快人力资本积累，优化人力资本结构。首先，政府应进一步增加教育投入，加强区域间、城乡间教育资源的合理配置，促进我国劳动力结构的整体优化，提高劳动力素质，增加人力资本积累，将我国劳动力“量”的优势转化为人力资本“质”的优势。其次，为实现我国人力资本结构优化，政府应加大对职业教育的重视程度，构建多层次、多元化的教育渠道，加快对专业人才的培养，将更多一般型人力资本转化为技能型人力资本、创新型人力资本，持续优化人力资本结构。再次，企业应建立并完善人才激励机制，建立能够吸引人才、留住人才的软环境和硬件条件。在人才激励方式上，一方面可以通过提高工资、分配股权、提高福利待遇等物质奖励来实现；另一方面也可以通过增加工作时间弹性、营造良好的工作环境和企业文化来实现，从而使人力资本所内含的隐性知识充

分转化为创新能力，更好地促进我国装备制造业技术结构升级。最后，应进一步完善人力资本流动的保障机制，加快推进工资薪酬和福利保障分配制度改革，落实高端人才落户和绿色通道政策。同时，充分发挥人才交流中心等平台的作用，积极为就业者和需求单位提供服务，优化人力资源配置。

（二）加快生产性服务业发展，提高生产性服务业对装备制造业的支持效果

生产性服务业是从制造业内部生产服务部门独立发展起来的新兴产业。在装备制造业投入服务化的趋势下，生产性服务对装备制造业发展的支持作用体现于全球价值链的上、中、下游各个环节的生产中，已成为装备制造业升级过程中所必需的重要生产要素。对此，应加快生产性服务业发展，提高生产性服务业对装备制造业的支持效果。首先，政府应加强宏观政策指导，加大对生产性服务业的支持力度，尽快破除体制性障碍，为生产性服务业发展营造宽松的政策和制度环境，以促进生产性服务业健康发展。由于金融、信息等新兴生产性服务业是支持装备制造业产业价值链上各生产环节顺利进行的重要行业，因此应加大对这些行业的政策优惠力度，使之更好地服务于装备制造业企业。其次，生产性服务业企业应提高专业化生产能力，以适应装备制造业企业不断增长的服务需求。针对生产性服务业对装备制造业支持效果有限的问题，应加快生产性服务业和装备制造业的良性互动，特别是提高新兴生产性服务业与装备制造业的融合程度。一方面，生产性服务业企业应提高服务创新意识，加快服务型人才的引进和培养，提高服务创新效率；另一方面应加快融入产品内分工体系的步伐，提高国际化经营水平和服务层次，积极承接跨国服务外包业务。最后，行业协会和其他相关部门应搭建好生产性服务业与装备制造业企业的交流平台，促进两类企业协同定位。同时，还应推动两类企业在开发区或工业园区的产业布局，形成产业集群，从而更好地发挥产业关联效应，加快生产互动，进而更好地促进产业升级。

三、积极构建区域价值链分工体系，着力提高产业国际竞争力

国际金融危机后，国际分工与贸易的复杂性增加，产品内分工格局的不稳定性加剧，为我国装备制造业实现全球价值链攀升带来了机遇与挑战。对此，我国装备制造业企业应充分利用“一带一路”合作倡议带来的重大机遇，积极构建区域价值链分工体系；培育优质民族品牌，打造装备制造业旗舰企业；深入落实高端装备制造业优先发展战略，着力提高产业国际竞争力，从而加快我国装备制造业产业升级，提升产品内分工地位。

（一）抓住“一带一路”重大机遇，积极构建区域价值链分工体系

近年来，区域经济发展迅速，区域经贸活动与合作日益频繁。2013年，习近平主席提出“一带一路”合作倡议，为我国与“一带一路”沿线国家的区域合作提供了平台。《共建“一带一路”倡议：进展、贡献与展望》报告指出，截至2019年3月底，我国已与125个国家和29个国际组织签署173份合作文件，与49个国家和地区签署85份标准化合作协议。共建“一带一路”国家已由亚欧延伸至非洲、拉美、南太等区域。①“一带一路”合作倡议为我国装备制造业发展带来了重大机遇，应充分利用这一机遇，积极构建区域价值链分工体系。我国应以装备制造业迈向全球价值链高端为目标，分两步来实现：第一步是立足于“一带一路”合作倡议下的区域价值链分工体系，依托区域内资源和市场快速发展，培育一批大型跨国公司，提高“中国制造”特别是“中国高端装备制造”在区域内国家或地区中的国际影响力和市场占有率，逐步攀升至区域价值链的高端环节。第二步是在第一步的基础上，由依托“一带一路”合作倡议下的区域市场放眼于全球市场，打通国际销售渠道，带动“中国制造”特别是“中国高端装备制造”走向全球，由全球价值链中低端迈向高端，实现制造强国的战略目标。当前，实施

① 资料来源于中国“一带一路”网 https：//www. yidaiyilu. gov. cn/。

“第一步”，即积极构建区域价值链分工体系是实现我国产业升级的重要途径。在此过程中，我国装备制造业企业将以“一带一路”合作框架为平台，加快服务化和高端化发展，提高我国装备制造业在区域价值链分工体系中的地位。对此，我国应以和平合作、开放包容、互学互鉴、互利共赢的丝绸之路精神为指引，以政策沟通、设施联通、贸易畅通、资金融通、民心相通为重点，积极开展与“一带一路”沿线国家的深度合作，推动区域内贸易、投资和国际分工的深化；积极建立国际合作机制，推动签署落实政府间新兴产业和创新领域合作协议；充分挖掘“一带一路”沿线国家市场需求和潜力，加快“走出去”步伐，以“一带一路”沿线国家的市场为依托，抓住机遇，积极推进区域经济合作网络建设，加快我国装备制造业企业向区域价值链高端环节攀升。

（二）培育优质民族品牌，打造装备制造业旗舰企业

近年来，发达国家“再工业化”战略进一步强化其在装备制造业领域内的固有竞争优势，为我国装备制造业实现全球价值链攀升和产业升级增加了难度，特别是对我国装备制造业高端化发展带来了挑战。针对这一问题，我国应着力提升企业国际竞争力，利用两个市场、两种资源，积极培育优质民族品牌，开拓国际市场，打造装备制造业旗舰企业，以积极主动的姿态应对外部挑战。品牌作为企业的一种无形资产，反映了人们对企业提供的产品和服务品质的认可度。优质的民族品牌，能够产生较好的网络效应和锁定效应，使得企业能够凭借品牌效应获得强大的市场影响力，有利于增强顾客忠诚度，提高市场占有率，同时也有利于国家品牌形象的提升，扭转世界对“中国制造”的认识。对此，政府应加快培育装备制造业民族品牌，对企业的品牌创新活动进行有力的扶持；加强监管力度，对企业的管理水平和产品质量水平进行严格把关，提升国产制造的品质；提高对民族品牌的宣传力度，树立和维护民族品牌的正面形象；完善品牌保护机制，提高企业维权意识，严厉打击商标侵权等行为，为品牌发展提供良好的法制环境。在此基础上，还应积极培育装备制造业领域内的旗舰企业，特别是培育一批高端装备制造领域内引领创新的大型跨国公司，将其打造为“中国制造”和“中国

创造”的名片，有效提高民族品牌影响力和国际竞争力。同时，还应充分发挥旗舰企业的示范引领作用，将新型商业经营模式和企业升级的成功经验推广到其他企业，促进企业积极开拓国际市场，提升核心竞争力和跨国经营能力。

（三）深入落实高端装备制造业优先发展战略，提高产业国际竞争力

当下，贸易保护主义和“逆全球化”风潮再起，通过对美国制裁中兴事件的反思，我国应积极应对外部风险与挑战，深入落实高端装备制造业优先发展战略，有效提高关键技术的自主研发能力，实现高端装备制造业突破式发展。我国已制定了一系列推进高端装备制造业优先发展的政策规划，如《中国制造 2025》中将高端装备制造业列为重点发展的战略产业，提出要实施高端装备创新工程，“组织实施大型飞机、航空发动机及燃气轮机、民用航天、智能绿色列车、节能与新能源汽车、海洋工程装备及高技术船舶、智能电网成套装备、高档数控机床、核电装备、高端诊疗设备等一批创新和产业化专项、重大工程，开发一批标志性、带动性强的重点产品和重大装备，提升自主设计水平和系统集成能力，突破共性关键技术与工程化、产业化瓶颈，组织开展应用试点和示范，提高创新发展能力和国际竞争力，抢占竞争制高点”，并设立了具体目标“到 2020 年，上述领域实现自主研制及应用；到 2025 年，自主知识产权高端装备市场占有率大幅提升，核心技术对外依存度明显下降，基础配套能力显著增强，重要领域装备达到国际领先水平”。《“十三五”国家战略性新兴产业发展规划》中强调要“促进高端装备突破发展，加快突破关键技术与核心部件，推进重大装备与系统的工程应用和产业化，促进产业链协调发展，塑造中国制造新形象”，“提升核心基础硬件供给能力，提升关键芯片设计水平，发展面向新应用的芯片”。[①] 对此，应以上述规划中提出的产业发展方向为目标，进一步深入落实高端装备制造业优先发展战略，提升我国装备制造业的产品内分工地位。首先，应加强宏观政策指导，加大对高端装备制造业的

---

① 资料来源于中国政府网。

税收、贷款、补贴等优惠政策，大幅度提高对前沿性、战略性、原创性技术领域的研究和开发投资，降低企业研发成本，促进技术创新。其次，应重点培育高端装备制造业产业集群，打造高端装备制造业集聚区，提升我国高端装备制造业的国际竞争力水平，从而有效促进我国装备制造业高端化发展。

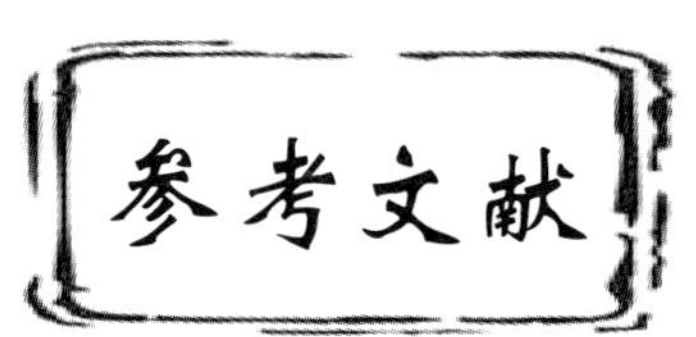

参考文献

[1] 安筱鹏. 制造业服务化路线图机理、模式与选择 [M]. 北京: 商务印书馆, 2012: 75-81.

[2] 白清. 生产性服务业促进制造业升级的机制分析——基于全球价值链视角 [J]. 财经问题研究, 2015 (04): 17-23.

[3] 北京大学中国经济研究中心课题组. 垂直专门化、产业内贸易与中美贸易关系 [R]. 北京大学中国经济研究中心讨论稿, No. C200505, 2005.

[4] 卜国琴. 全球生产网络与中国产业升级研究 [D]. 暨南大学, 2007.

[5] 蔡三发, 黄志明, 邹彬. 制造服务化决策、实施与控制[M]. 北京: 清华大学出版社, 2013: 75-85.

[6] 蔡三发, 李珊珊. 基于灰色关联分析的制造业服务化水平评估体系研究 [J]. 工业工程与管理, 2016, 21 (06): 1-9.

[7] 曹亮, 席艳乐, 王贺光. 产品内分工理论研究新进展 [J]. 经济学动态, 2008 (12): 100-106.

[8] 陈丰龙, 徐康宁. 本土市场规模与中国制造业全要素生产率 [J]. 中国工业经济, 2012 (05): 44-56.

[9] 陈洁雄. 制造业服务化与经营绩效的实证检验——基于中美上市公司的比较 [J]. 商业经济与管理, 2010 (04): 33-41.

[10] 陈琳. 转型时期的外商直接投资技术外溢：企业层面的新视角 [M]. 上海：复旦大学出版社，2012：10.

[11] 陈宁. 基于服务要素投入的制造业结构演进规律研究 [D]. 上海社会科学院，2010.

[12] 陈颂，卢晨. 产品内国际分工技术进步效应的影响因素研究 [J]. 国际贸易问题，2018 (05)：26-38.

[13] 陈小文. 全球价值链中发展中国家产业集群的升级 [J]. 南京财经大学学报，2006 (05)：21-24.

[14] 程大中. 中国参与全球价值链分工的程度及演变趋势——基于跨国投入—产出分析 [J]. 经济研究，2015，50 (09)：4-16+99.

[15] 程冬冬. 江苏省制造业结构优化对经济增长的影响分析 [D]. 南京师范大学，2015.

[16] 程东全，顾锋，耿勇. 服务型制造中的价值链体系构造及运行机制研究 [J]. 管理世界，2011 (12)：180-181.

[17] 程盈莹. 国际垂直专业化的测量及差异分析 [J]. 企业经济，2014 (05)：136-141.

[18] 崔焕金. 全球价值链分工与中国产业结构演化研究 [M]. 长春：东北师范大学出版社，2015：98-107.

[19] 戴魁早. 中国高技术产业垂直专业化的生产率效应 [J]. 中央财经大学学报，2011 (07)：56-61.

[20] 丁蕾. 产品内分工下的加工贸易价值链提升研究 [D]. 山西财经大学，2010.

[21] 丁小义，程惠芳. 高、低端型产品内国际分工模式变迁及驱动因素分析 [J]. 数量经济技术经济研究，2018，35 (09)：78-95.

[22] 窦争妍. 中国制造业转型升级背景下的人力资本积累研究 [D]. 上海社会科学院，2016.

[23] 杜宏宇. 中国制造业结构优化的政策效率研究 [D]. 江西财经大学，2012.

[24] 范爱军，高敬峰. 产品内分工视角下的中国制造业比较优势分析 [J]. 国际经贸探索，2008 (03)：4-9.

[25] 傅强，魏琪．全球价值链视角下新一轮国际产业转移的动因、特征与启示 [J]．经济问题探索，2013 (10)：138－143.

[26] 傅元海，叶祥松，王展祥．制造业结构优化的技术进步路径选择——基于动态面板的经验分析 [J]．中国工业经济，2014 (09)：78－90.

[27] 高敬峰．国外产品内分工理论研究综述 [J]．经济纵横，2007 (04)：85－87.

[28] 高霞．科技创新绩效与机理：理论、方法及应用 [M]．呼和浩特：内蒙古大学出版社，2013：225.

[29] 郭炳南．中国参与国际垂直专业化分工的经济效应研究 [D]．华东师范大学，2011.

[30] 郝凤霞，王彩霞．产品内分工背景下本土需求规模与技术创新的研究——基于动态演化博弈方法和实证分析 [J]．科技管理研究，2016，36 (03)：95－100.

[31] 何哲．中国制造业服务化理论、路径及其社会影响 [M]．北京：清华大学出版社，2012：67－71.

[32] 胡昭玲．国际垂直专业化对中国工业竞争力的影响分析 [J]．财经研究，2007 (04)：18－27＋73.

[33] 胡昭玲．产品内国际分工对中国工业生产率的影响分析 [J]．中国工业经济，2007 (06)：30－37.

[34] 黄群慧，霍景东．中国制造业服务化的现状与问题——国际比较视角 [J]．学习与探索，2013 (08)：90－96.

[35] 黄群慧，霍景东．全球制造业服务化水平及其影响因素——基于国际投入产出数据的实证分析 [J]．经济管理，2014，36 (01)：1－11.

[36] 黄群慧，霍景东．《中国制造 2025》战略下制造业服务化的发展思路 [J]．中国工业评论，2015 (11)：46－55.

[37] 鞠建东，余心玎．全球价值链上的中国角色——基于中国行业上游度和海关数据的研究 [J]．南开经济研究，2014 (03)：39－52.

［38］李静．初始人力资本匹配、垂直专业化与产业全球价值链跃迁［J］．世界经济研究，2015（01）：65－73＋128.

［39］李靖华．制造服务化 浙江实证［M］．杭州：浙江大学出版社，2015：151－168.

［40］李美云．服务业的产业融合与发展［M］．北京：经济科学出版社，2007.

［41］李强．我国产业升级的要素收入分配效应研究——基于全球价值链攀升的视角［J］．国际经贸探索，2015，31（02）：52－66.

［42］李强，郑江淮．基于产品内分工的我国制造业价值链攀升：理论假设与实证分析［J］．财贸经济，2013（09）：95－102.

［43］李文珍．产品内国际分工的效应及其关联度［J］．改革，2010（11）：97－101.

［44］李晓慧，邹昭晞．制造业投入服务化的生产率效应分析［J］．首都经济贸易大学学报，2015，17（02）：39－45.

［45］梁敬东，霍景东．制造业服务化与经济转型：机理与实证［J］．首都经济贸易大学学报，2017，19（02）：65－72.

［46］梁敬东，霍景东．影响制造业服务因素：理论、实证与建议［J］．财会学习，2017（03）：1－6.

［47］刘斌，王杰，魏倩．对外直接投资与价值链参与：分工地位与升级模式［J］．数量经济技术经济研究，2015，32（12）：39－56.

［48］刘继国，李江帆．国外制造业服务化问题研究综述［J］．经济学家，2007（03）：119－126.

［49］刘继国，赵一婷．制造业企业产出服务化战略的影响因素及其绩效：理论框架与实证研究［J］．上海管理科学，2008，30（06）：42－46.

［50］刘敏．基于RUV指数西安装备制造业在全球价值链国际分工地位的再验证［J］．工业经济论坛，2016，03（04）：418－425.

［51］刘明宇，芮明杰，姚凯．生产性服务价值链嵌入与制造业升级的协同演进关系研究［J］．中国工业经济，2010（08）：66－75.

［52］刘志彪，张杰．全球代工体系下发展中国家俘获型网络的形

成、突破与对策——基于 GVC 与 NVC 的比较视角 [J]. 中国工业经济，2007 (05): 39-47.

[53] 刘志彪. 生产者服务业及其集聚：攀升全球价值链的关键要素与实现机制 [J]. 中国经济问题，2008 (01): 3-12.

[54] 刘志彪. 战略性新兴产业的高端化：基于"链"的经济分析 [J]. 产业经济研究，2012 (03): 9-17.

[55] 刘志彪. 从全球价值链转向全球创新链：新常态下中国产业发展新动力 [J]. 学术月刊，2015 (02): 5-14.

[56] 卢锋. 产品内分工 [J]. 经济学（季刊），2004 (04): 55-82.

[57] 卢福财，罗瑞荣. 全球价值链分工条件下产业高度与人力资源的关系——以中国第二产业为例 [J]. 中国工业经济，2010 (08): 76-86.

[58] 罗瑞荣. 基于全球价值链分工的中国产业升级中的人力资源开发研究 [D]. 江西财经大学，2011.

[59] 罗勇，曹丽莉. 全球价值链视角下我国产业集群升级的思路 [J]. 国际贸易问题，2008 (11): 92-98.

[60] 吕越，黄艳希，陈勇兵. 全球价值链嵌入的生产率效应：影响与机制分析 [J]. 世界经济，2017, 40 (07): 28-51.

[61] 吕越，李小萌，吕云龙. 全球价值链中的制造业服务化与企业全要素生产率 [J]. 南开经济研究，2017 (03): 88-110.

[62] 马红旗，陈仲常. 我国制造业垂直专业化生产与全球价值链升级的关系——基于全球价值链治理视角 [J]. 南方经济，2012 (09): 83-91.

[63] 马倩. 产品内分工条件下山东制造业产业结构升级研究 [D]. 山东经济学院，2011.

[64] 马野青，张梦，巫强. 什么决定了中国制造业在全球价值链中的地位？——基于贸易增加值的视角 [J]. 南京社会科学，2017 (03): 28-35.

[65] 马云俊. 产业转移、全球价值链与产业升级研究 [J]. 技术

经济与管理研究，2010（04）：139－143.

［66］毛蕴诗，郑奇志．论国际分工市场失效与重构全球价值链——新兴经济体的企业升级理论构建［J］．中山大学学报（社会科学版），2016，56（02）：175－187.

［67］倪卫涛．价值链视角的制造业服务化分析［J］．价值工程，2013，32（20）：33－35.

［68］潘悦，杨镭．产业的全球化趋势与发展中国家的产业升级——兼论中国高新技术产业的外商投资与加工贸易发展［J］．财贸经济，2002（10）：44－49.

［69］齐兰，王姗．中国高端装备制造业产品内分工程度与地位［J］．吉林大学社会科学学报，2018，58（06）：83－93＋205.

［70］乔翠霞．国际技术转移与我国工业结构升级［D］．山东大学，2007.

［71］邱斌，叶龙凤，孙少勤．参与全球生产网络对我国制造业价值链提升影响的实证研究——基于出口复杂度的分析［J］．中国工业经济，2012（01）：57－67.

［72］冉捷敏．产品内分工背景下国际分工地位的测度研究综述［J］．特区经济，2017（05）：115－117.

［73］尚涛，郑良海．国际代工生产中的技术转移、技术积累与产业链升级研究［J］．经济学家，2013（07）：62－68.

［74］邵锦华．基于价值链理论视角的制造业服务化原因探析［J］．江苏商论，2011（09）：112－114.

［75］石莉萍，戴翔，孙大伟．全球价值链演进新趋势下我国产业发展机遇及对策［J］．经济纵横，2016（03）：36－40.

［76］宋春子．全球价值链分工对国际贸易摩擦的影响研究［D］．辽宁大学，2014.

［77］苏东水．产业经济学（第三版）［M］．北京：高等教育出版社，2010：172－188.

［78］孙军，梁东黎．全球价值链、市场规模与发展中国家产业升级机理分析［J］．经济评论，2010（04）：34－41＋55.

[79] 孙文远. 产品内价值链分工视角下的产业升级 [J]. 管理世界，2006 (10)：156－157.

[80] 孙学敏，王杰. 全球价值链嵌入的“生产率效应”——基于中国微观企业数据的实证研究 [J]. 国际贸易问题，2016 (03)：3－14.

[81] 唐海燕，张会清. 产品内国际分工与发展中国家的价值链提升 [J]. 经济研究，2009，44 (09)：81－93.

[82] 涂颖清. 全球价值链下我国制造业升级研究 [D]. 复旦大学，2010.

[83] 涂颖清. 基于全球价值链理论的我国产业升级研究综述 [J]. 江西行政学院学报，2011，13 (02)：34－38.

[84] 王昌林. 中国产业发展报告 2013—2014——我国工业发展的阶段性变化研究 [M]. 北京：经济管理出版社，2014：90.

[85] 王成东. 我国装备制造业与生产性服务业融合机理及保障策略研究 [D]. 哈尔滨理工大学，2014.

[86] 王福君. 装备制造业内部结构升级的测度指标体系研究——兼评辽宁装备制造业内部结构升级程度 [J]. 财经问题研究，2008 (10)：49－53.

[87] 王海杰. 全球价值链分工中我国产业升级问题研究述评 [J]. 经济纵横，2013 (06)：113－116.

[88] 王晶. 制造业服务化案例研究 [M]. 北京：机械工业出版社，2015：1－4.

[89] 王岚，李宏艳. 中国制造业融入全球价值链路径研究——嵌入位置和增值能力的视角 [J]. 中国工业经济，2015 (02)：76－88.

[90] 王鹏辉. 基于全球价值链理论的制造业结构升级对生产性服务业发展的实证研究 [D]. 西北大学，2016.

[91] 王喜文. 中国制造 2025 思维从两化融合到互联网 + 工业 [M]. 北京：机械工业出版社，2016：135.

[92] 王小波，李婧雯. 中国制造业服务化水平及影响因素分析 [J]. 湘潭大学学报 (哲学社会科学版)，2016，40 (05)：53－60.

［93］王欣．我国装备制造业全要素生产率测度［D］．西南财经大学，2010.

［94］王益民，宋琰纹．全球生产网络效应、集群封闭性及其“升级悖论”——基于大陆台商笔记本电脑产业集群的分析［J］．中国工业经济，2007（04）：46－53.

［95］王玉燕，林汉川，吕臣．全球价值链嵌入的技术进步效应——来自中国工业面板数据的经验研究［J］．中国工业经济，2014（09）：65－77.

［96］王忠豪．全球价值链视角下我国加工贸易转型升级路径研究［D］．重庆工商大学，2015.

［97］汪斌，侯茂章．经济全球化条件下的全球价值链理论研究［J］．国际贸易问题，2007（03）：92－97.

［98］魏国江．价值链分工与我国产业结构优化研究［D］．福建师范大学，2008.

［99］魏龙，王磊．从嵌入全球价值链到主导区域价值链——“一带一路”战略的经济可行性分析［J］．国际贸易问题，2016（05）：104－115.

［100］吴红雨．价值链高端化与地方产业升级［M］．北京：中国经济出版社，2015：156－158.

［101］吴云霞，史星际．价值链视角下的中国制造业垂直专业化结构剖析［J］．经济研究导刊，2016（27）：171－172＋174.

［102］夏杰长、姚战琪、李勇坚．中国服务业发展报告2014——以生产性服务业推动产业升级［M］．北京：社会科学文献出版社，2014：217.

［103］肖挺，聂群华，刘华．制造业服务化对企业绩效的影响研究——基于我国制造企业的经验证据［J］．科学学与科学技术管理，2014，35（04）：154－162.

［104］谢廷宇．全球生产网络下当地产业技术创新能力提升机制［D］．暨南大学，2011.

［105］许立帆．中国制造业服务化发展思考［J］．经济问题，

2014 (12): 79 - 84.

[106] 徐婧. 垂直专业化分工与我国制造业出口技术结构升级研究 [D]. 山东大学, 2015.

[107] 许南, 李建军. 产品内分工、产业转移与中国产业结构升级 [J]. 管理世界, 2012 (01): 182 - 183.

[108] 徐毅, 张二震. 外包与生产率: 基于工业行业数据的经验研究 [J]. 经济研究, 2008 (01): 103 - 113.

[109] 徐盈之, 孙剑. 信息产业与制造业的融合——基于绩效分析的研究 [J]. 中国工业经济, 2009 (07): 56 - 66.

[110] 徐振鑫, 莫长炜, 陈其林. 制造业服务化: 我国制造业升级的一个现实性选择 [J]. 经济学家, 2016 (09): 59 - 67.

[111] 姚瑶, 赵英军. 全球价值链演进升级的内生动力与微观机制——人力资本配置的"结构效应"与"中介效应" [J]. 浙江社会科学, 2015 (11): 30 - 40 + 156 - 157.

[112] 姚志毅. 全球生产网络与产业结构升级: 中国的检验 [D]. 湖南大学, 2011.

[113] 姚志毅, 张亚斌. 全球生产网络下对产业结构升级的测度 [J]. 南开经济研究, 2011 (06): 55 - 65.

[114] 易先忠, 高凌云. 融入全球产品内分工为何不应脱离本土需求 [J]. 世界经济, 2018, 41 (06): 53 - 76.

[115] 尹伟华. 全球价值链视角下中日制造业国际竞争力的比较分析 [J]. 国际经贸探索, 2016, 32 (06): 58 - 70.

[116] 喻春娇. 产品内分工问题研究 [M]. 武汉: 湖北人民出版社, 2009: 38.

[117] 余娟娟. 全球价值链分工下中国出口技术结构的演进机理与路径 [J]. 产业经济研究, 2014 (06): 31 - 40.

[118] 余振, 周冰惠, 谢旭斌, 王梓楠. 参与全球价值链重构与中美贸易摩擦 [J]. 中国工业经济, 2018 (07): 24 - 42.

[119] 曾蓓, 崔焕金. 中国产业结构演进缘何偏离国际经验——基于全球价值链分工的解释 [J]. 财贸研究, 2011, 22 (05):

18-27.

[120] 曾春琼，朱轶．初始人力资本、价值链嵌入与制造业就业——基于不同要素密集度行业的实证比较［J］．哈尔滨商业大学学报（社会科学版），2016（04）：65-74.

[121] 曾繁华，王飞．技术创新驱动战略性新兴产业跃迁机理与对策——基于全球价值链视角［J］．科技进步与对策，2014（23）：51-55.

[122] 张辉．全球价值链动力机制与产业发展策略［J］．中国工业经济，2006（01）：40-48.

[123] 张会清．新国际分工、全球生产网络与中国制造业发展［D］．华东师范大学，2010.

[124] 张会清，唐海燕．产品内国际分工与中国制造业技术升级［J］．世界经济研究，2011（06）：44-50+88.

[125] 张国胜．全球价值链驱动下的本土产业升级［J］．财经科学，2009（06）：79-86.

[126] 张建华，赵英．全球价值链视角下的中国制造业产品内国际分工研究——基于世界投入产出数据的测度与分析［J］．工业技术经济，2015（11）：3-11.

[127] 张杰，冯彩．需求竞争条件下全球价值链形成与发展中国家竞争优势的升级困境与突破［J］．经济经纬，2008（02）：24-27.

[128] 张杰，刘志彪．需求因素与全球价值链形成——兼论发展中国家的"结构封锁型"障碍与突破［J］．财贸研究，2007（06）：1-10.

[129] 张杰，刘志彪，郑江淮．产业链定位、分工与集聚如何影响企业创新——基于江苏省制造业企业问卷调查的实证研究［J］．中国工业经济，2007（07）：47-55.

[130] 张明志，李敏．国际垂直专业化分工下的中国制造业产业升级及实证分析［J］．国际贸易问题，2011（01）：118-128.

[131] 张茉楠．大变革 全球价值链与下一代贸易治理［M］．北京：中国经济出版社，2017：6.

[132] 张平. 全球价值链分工与中国制造业成长 [D]. 辽宁大学, 2013.

[133] 张若雪. 全球价值链下我国产业结构升级研究 [J]. 现代管理科学, 2016 (02): 45-47.

[134] 张少军, 刘志彪. 全球价值链模式的产业转移——动力、影响与对中国产业升级和区域协调发展的启示 [J]. 中国工业经济, 2009 (11): 5-15.

[135] 张晓涛, 李芳芳. 论生产性服务业与制造业的融合互动发展 [J]. 广东社会科学, 2013 (05): 39-47.

[136] 张小蒂, 孙景蔚. 基于垂直专业化分工的中国产业国际竞争力分析 [J]. 世界经济, 2006 (05): 12-21.

[137] 张咏华. 制造业全球价值链及其动态演变——基于国际产业关联的研究 [J]. 世界经济研究, 2015 (06): 61-70+128.

[138] 张煜晨. 制造业服务化程度对企业绩效的影响 [D]. 上海社会科学院, 2017.

[139] 赵霞. 生产性服务投入、垂直专业化与装备制造业生产率 [J]. 产业经济研究, 2017 (02): 14-26.

[140] 周大鹏. 制造业服务化研究——成因、机理与效应 [D]. 上海社会科学院, 2010.

[141] 周大鹏. 制造业服务化对产业转型升级的影响 [J]. 世界经济研究, 2013 (09): 17-22+48+87.

[142] 周大鹏. 服务化 制造业的创新之路 [M]. 上海: 上海社会科学院出版社, 2016: 72-76.

[143] (法) 弗朗索瓦·魁奈. 晏智杰译. 魁奈《经济表》及著作选 [M]. 北京: 华夏出版社, 1997: 213-218.

[144] (美) W. W. 罗斯托. 郭熙保、王松茂译. 经济增长的阶段 [M]. 北京: 中国社会科学出版社, 2012: 4-73.

[145] (美) 迈克尔·波特. 陈小悦译. 竞争优势 [M]. 北京: 华夏出版社, 1997: 36-37.

[146] Amiti M., Wei S. J. Service Offshoring, Productivity and Em-

ployment: Evidence from the US [R]. CEPR Discussion Paper, No. 5475, 2006.

[147] Arndt S. W. Globalization and the Open Economy [J]. The North American Journal of Economics and Finance, 1997, 8 (1): 71 – 79.

[148] Arndt S. W, Kierzkowski H. Fragmentation: New Production Pattern in the World Economy [M]. Oxford: Oxford University Press, 2001.

[149] Bazan L., Navas – Alemán L. Local Enterprises in the Global Economy [M]. Edward Elgar Publishing, inc., 2004.

[150] Bazan L., Navas – Alemán L. The Underground Revolution in the Sinos Valley: A Comparison of Upgrading in Global and National Value Chains [M]. Local Enterprises in the Global Economy, 2004.

[151] Brandt L., Thun E. The Fight for the Middle: Upgrading, Competition, and Industrial Development in China [J]. World Development, 2010, 38 (11): 1555 – 1574.

[152] Egger H, Egger P. International Outsourcing and Productivity of Low – skilled Labor in the EU [J]. Economic Inquiry, 2006, 44 (1): 98 – 108.

[153] Ernst D. Global Production Networks and Industrial Upgrading—A Knowledge – Centered Approach [J]. East – West Center Working Papers, Economics Series, No. 25, 2001.

[154] Feenstra R. C., Hanson G. H. Foreign Investment, Outsourcing and Relative Wages [R]. NBER Working Paper, No. 5121, 1995.

[155] Feenstra R. C., Hanson G. H. Globalization, Outsourcing, and Wage Inequality [R]. NBER Working Paper, No. 5424, 1996.

[156] Feenstra R. C., Hanson G. H. Productivity Measurement and the Impact of Trade and Technology on wages: Estimates for the U. S. 1972 – 1990 [R]. NBER Working Paper, No. 6052, 1997.

[157] Feenstra R. C. Integration of Trade and Disintegration of Production in the Global Economy [J]. Journal of Economic Perspectives, 1999 (12): 31 – 50.

[158] Gereffi G., Korzeniewicz M. Commodity Chains and Global Capitalism [M]. Praeger Publishers, 1994.

[159] Gereffi G. A Commodity Chains Framework for Analyzing Global Industries [R]. Working Paper for IDS, 1999.

[160] Gereffi G. International Trade and Industrial Upgrading in the Apparel Commodity Chain [J]. Journal of International Economics, 1999 (48): 37-70.

[161] Gereffi G., Kaplinsky R. Introduction: Globalisation, Value Chains and Development [J]. IDS Bulletin, 2001, 32 (3): 1-8.

[162] Gereffi G., Humphrey J., Sturgeon T. The Governance of Global Value Chains [J]. Review of International Political Economy, 2005, 12 (1): 78-104.

[163] Gereffi G., Fernandez-Stark K. Global Value Chain Analysis: A Primer [R]. Center on Globalization, Governance & Competitiveness, Duke University, 2016.

[164] Girma S., Görg H. Outsourcing, Foreign Ownership, and Productivity: Evidence from UK Establishment-Level Date [J], Review of International Economics, 2004 (12): 817-832.

[165] Görg H., Hanley A., Strobl E. Outsourcing, Foreign Ownership, Exporting and Productivity: An Empirical Investigation with Plant Level Data [R]. GEP Research Paper, University of Nottingham, 2004.

[166] Görzig B., Stephan A. Outsourcing and Firm-level Performance [R], DIW Discussion Papers, No. 309, 2002.

[167] Hernάndez R. Piva J. M., Mulder. N. Global Value Chains and World Trade: Prospects and Challenges for Latin America [M]. Santiago, Chile: United Nations Economic Commission for Latin America and the Caribbean and German Cooperation, 2014.

[168] Henderson J. Change and Opportunity in the Asia-Pacific [C]. Thompson G. Economic Dynamism in the Asia-pacific. London: Routledge, 1998.

[169] Heshmati A. Productivity Growth, Efficiency and Outsourcing Inmanufacturing and Service Industries [J]. Journal of Economic Surveys, 2003 (17): 79 - 112.

[170] Homburg C., Hoyer, W. D., Fassnacht, M. Service orientation of a retailer's business strategy: dimensions, antecedents, and performance outcomes [J]. Journal of Marketing, 2002, 66 (4): 86 - 101.

[171] Humphrey J., Schmitz H. Governance and Upgrading: Linking Industrial Cluster and Global Value Chain [R]. IDS Working Paper, 2000.

[172] Humphrey J., Schmitz H. How Does Insertion in Global Value Chains Affect Upgrading in Industrial Clusters [J]. Regional Studies, 2002, 36 (9): 1017 - 1027.

[173] Hummels D., Ishii J., Yi K. M. The Nature and Growth of Vertical Specialization in World Trade [J]. Journal of International Economics, 2001, 54 (1): 75 - 96.

[174] Kastalli I. V., Looy B. V. Servitization: Disentangling the Impact of Service Business Model Innovation on Manufacturing Firm Performance [J]. Journal of Operations Management, 2013, 31 (4): 169 - 180.

[175] Kaplinsky R., Morris M. A Handbook for Value Chain Research [J]. Prepared for IDRC, 2001.

[176] Kinnunen R. Servitization of Manufacturing Companies - Framework for Analyzing Servitzation Capabilities [J]. Logistics and Service Management, 2011.

[177] Kiyota K., Oikawa K., Yoshioka K. Global Value Chain and the Competitiveness of Asian Countries [R]. Research Institute of Economy, Trade and Industry, Discussion Papers 16080, 2016.

[178] Kogut B. Designing global strategies: Comparative and competitive value - added chains [J]. Sloan Management Review, 1985, 26 (4): 15 - 28.

[179] Koopman, R., Powers, W., Wang, Z., Wei. S. Give Credit Where Credit is Due: Tracing Value Added in Global Production Chains

[R]. NBER Working Papers, No. 16426, 2010.

[180] Neely A. Exploring the Financial Consequences of the Servitization of Manufacturing [J]. Operations Management Research, 2008, 1 (2): 102-118.

[181] OECD. Interconnected Economies: Benefiting from Global Value Chains [M]. OECD Publishing, 2013.

[182] OECD, WTO, World Bank Group. Global Value Chains: Challenges, Opportunities, and Implications for Policy [R]. Sydney : G20 Trade Ministers Meeting, 2014.

[183] Pietrobelli C., Rabellotti R. Upgrading in Cluster and Value Chains in Latin America: the Role of Policies [R]. Inter-American Development Bank, 2004.

[184] Poon T. Beyond the Global Production Networks: A Case of Further Upgrading of Taiwan's Information Technology Industry [J]. Technology and Globalization, 2004, 1 (1): 130-144.

[185] Reiskin E. D., White A. L., Kauffman J. J., Votta T. J. Servicizing the Chemical Supply Chain [J]. Journal of Industrial Ecology, 1999, 3 (2-3): 19-31.

[186] Riddle D. I. Service-Led Growth: the Role of the Service Sector in World Development [M]. New York: Praeger Publishers, 1986.

[187] Sim N. International Production Sharing and Economic Development: Moving Up the Value-chain for a Small-open Economy [J]. Applied Economics Letters, 2004, 11 (14): 885-889.

[188] Timmer M. P., Dietzenbacher. E., Los B., Stehrer, R. de Vries. G. J, An Illustrated User Guide to the World Input-Output Database: the Case of Global Automotive Production [J]. Review of International Economics, 2015 (23): 575-605.

[189] Toffel M. W. Contracting for Servicizing [R]. Harvard Business School Technology & Operations Mgt. Unit Research Paper, No. 08-063, 2002.

[190] UNIDO. Industrial Development Report 2002/2003: Competing through Innovation and Learning [R]. United Nations Industrial Development Organization, 2003.

[191] UNIDO. Inserting Local Industries into Global Value Chains and Global Production Networks: Opportunities and Challenges for Upgrading with a Focus On Asia [R]. United Nations Industrial Development Organization, 2004.

[192] Vandermerwe S., Rada J. Servitization of Business: Adding Value by Adding Services [J]. European Management Journal, 1988, 6 (4): 314-324.

[193] White A. L., Stoughton M., Feng L. Servicizing: The Quiet Transition to Extended Product Responsibility [R]. Tellus Institute, Boston, 1999.

[194] Windrum P., Reinstaller A., Bull C. The Outsourcing Productivity Paradox: Total Outsourcing, Organisational Innovation, and Long Run Productivity Growth [J], Journal of Evolutionary Economics 2009, 19 (2): 197-229.

附表一 装备制造业的行业分类

行业名称	类别名称
金属制品业	结构性金属制品制造
	金属工具制造
	集装箱及金属包装容器制造
	金属丝绳及其制品制造
	建筑、安全用金属制品制造
	金属表面处理及热处理加工
	搪瓷制品制造
	金属制日用品制造
	铸造及其他金属制品制造
通用设备制造业	锅炉及原动设备制造
	金属加工机械制造
	物料搬运设备制造
	泵、阀门、压缩机及类似机械制造
	轴承、齿轮和传动部件制造
	烘炉、风机、包装等设备制造
	文化、办公用机械制造
	通用零部件制造
	其他通用设备制造业

续表

行业名称	类别名称
专用设备制造业	采矿、冶金、建筑专用设备制造
	化工、木材、非金属加工专用设备制造
	食品、饮料、烟草及饲料生产专用设备制造
	印刷、制药、日化及日用品生产专用设备制造
	纺织、服装和皮革加工专用设备制造
	电子和电工机械专用设备制造
	农、林、牧、渔专用机械制造
	医疗仪器设备及器械制造
	环保、邮政、社会公共服务及其他专用设备制造
汽车制造业	汽车整车制造
	汽车用发动机制造
	改装汽车制造
	低速汽车制造
	电车制造
	汽车车身、挂车制造
	汽车零部件及配件制造
铁路、船舶、航空航天和其他运输设备制造业	铁路运输设备制造
	城市轨道交通设备制造
	船舶及相关装置制造
	航空、航天器及设备制造
	摩托车制造
	自行车和残疾人座车制造
	助动车制造
	非公路休闲车及零配件制造
	潜水救捞及其他未列明运输设备制造
电气机械和器材制造业	电机制造
	输配电及控制设备制造
	电线、电缆、光缆及电工器材制造
	电池制造
	家用电力器具制造
	非电力家用器具制造
	照明器具制造
	其他电气机械及器材制造

续表

行业名称	类别名称
计算机、通信和其他电子设备制造业	计算机制造
	通信设备制造
	广播电视设备制造
	雷达及配套设备制造
	非专业视听设备制造
	智能消费设备制造
	电子器件制造
	电子元件及电子专用材料制造
	其他电子设备制造
仪器仪表制造业	通用仪器仪表制造
	专用仪器仪表制造
	钟表与计时仪器制造
	光学仪器制造
	衡器制造
	其他仪器仪表制造业

资料来源：根据《2017 年国民经济行业分类（GB/T4754—2017）》整理。

附表二　2016年WIOD行业分类与2017年国民经济行业分类对应表

2016年WIOD行业分类及代码	2017年国民经济行业分类及代码
A 农业、林业及渔业	A 农、林、牧、渔业
B 采矿和采石	B 采矿业
C10 食品制造业；C11 饮料制造业；C12 烟草制品制造业	C13 农副食品加工业；C14 食品制造业；C15 酒、饮料和精制茶制造业；C16 烟草制品业
C13 纺织品制造业；C14 服装制造业；C15 皮革和相关产品制造业	C17 纺织业；C18 纺织服装、服饰业；C19 皮革、毛皮、羽毛及其制品和制鞋业
C16 木材、木材制品及软木制品的制造（家具除外），草编制品及编制材料物品制造业	C20 木材加工和木、竹、藤、棕、草制品业
C17 纸和纸制品制造业	C22 造纸及纸制品业
C18 记录媒介物的印制及复制	C23 印刷和记录媒介复制业
C19 焦炭和精炼石油产品制造业	C25 石油、煤炭及其他燃料加工业
C20 化学品及化学制品制造业	C26 化学原料和化学制品制造业；C28 化学纤维制造业
C21 基本医药产品和医药制剂制造业	C27 医药制造业
C22 橡胶和塑料制品制造业	C29 橡胶和塑料制品业
C23 其他非金属矿物制品制造业	C30 非金属矿物制品业
C24 基本金属制造业	C31 黑色金属冶炼和压延加工业；C32 有色金属冶炼和压延加工业
C25 金属制品制造业（机械和设备制造除外）	C33 金属制品业
C26 计算机、电子和光学产品制造业	C39 计算机、通信和其他电子设备制造业；C40 仪器仪表制造业
C27 电力设备制造业	C38 电气机械和器材制造业
C28 机械和设备制造业	C34 通用设备制造业；C35 专用设备制造业
C29 汽车、挂车和半挂车制造业；C30 其他运输设备制造业	C36 汽车制造业；C37 铁路、船舶、航空航天和其他运输设备制造业
C31 家具制造业；C32 其他制造业；C33 机械设备的修理和安装	C21 家具制造业；C24 文教、工美、体育和娱乐用品制造业；C41 其他制造业；C43 金属制品、机械和设备修理业
D 电力、煤气、蒸汽和空调供应	D44 电力、热力生产和供应业；D45 燃气生产和供应业

续表

2016 年 WIOD 行业分类及代码	2017 年国民经济行业分类及代码
E 供水，污水处理、废物管理和补救活动	C42 废弃资源综合利用业；D46 水的生产和供应业；N76 水利管理业；N77 生态保护和环境治理业
F 建筑业	E 建筑业
G 批发和零售业，汽车和摩托车的修理	F 批发和零售业
H 运输和仓储	G 交通运输、仓储和邮政业
I 住宿和餐饮业	H 住宿和餐饮业
J 信息和通信	I 信息传输、软件和信息技术服务业；R86 新闻和出版业；R87 广播、电视、电影和录音制作业
K 金融和保险活动	J 金融业
L 房地产业	K 房地产业；N79 土地管理业
M 专业、科学和技术活动；N 行政和辅助活动	L 租赁业和商务服务业；M 科学研究和技术服务业；N78 公共设施管理
O 公共管理和国防，强制性社会保障	S91 中国共产党机关；S92 国家机构；S93 人民政协、民主党派；S94 社会保障
P 教育	P 教育
Q 人类健康和社会工作	Q 卫生和社会工作
R 艺术、娱乐和文娱活动；S 其他服务业；T 家庭作为雇主的活动，家庭供自用、未加区分的物品生产和服务活动；U 国际组织和机构活动	O 居民服务、修理和其他服务业；R88 文化艺术业；R89 体育；R90 娱乐业；S95 群众团体、社会团体和其他成员组织；S96 基层群众自治组织及其他组织；T 国际组织

资料来源：根据《2017 年国民经济行业分类》和 WIOD 世界投入产出表（2016 年版）的产业分类整理得出。

附表三　　装备制造业 WIOD（2016 年版）行业分类与 UNComtrade SITC Rev. 3 对应表

WIOD 行业代码	WIOD 行业分类	UN Comtrade SITC Rev. 3 编码
C25	金属制品制造业（机械和设备制造除外）	691，692，693，694，695，696，6974，6975，6978，6991，6992，6993，6994，6995，6996，6997，711，71871，71878，811，891，961
C26	计算机、电子和光学产品制造业	7511，752，76，7722，7723，776，7786；871，873，874，88111，88113，88114，88115，8812，8813，88419，88431，88432，88433，88439，8853，8854，8855，8857，88591，88592，88594，88595，88596，88597，88598，88599
C27	电力设备制造业	6973，716，74181，74182，74341，74345，7452，771，7724，7725，7726，7728，7731，77324，77329，775，7781，7782，7783，7787，7788，81215，8131，8132，8138，81399，88112，89441
C28	机械和设备制造业	712，7138，71489，71499，7181，7189，72391，731，733，735，737，7412，74131，74132，74133，74134，74135，74136，74138，74139，7414，7415，7417，74189，7419，742，7431，7436，7438，7439，744，7451，7453，74561，74562，74563，74565，74568，7459，746，747，748，7492，74999，7512，7513，7519，759，7784，81211，81217，81219；721，722，7231，7232，72331，72333，72335，72339，72341，72342，72343，72345，72346，72347，72348，72392，72399，724，725，72631，7265，7266，7268，7269，727，728，74137，74184，74185，74186，74187，74343，7435，7452，74564，7491，78621
C29 - C30	交通运输设备制造业	7132，7139，781，782，783，784，7861，78622，78629，7863，7868；7131，7133，7144，71481，71491，72337，72344，72393，74991，785，791，792，793

资料来源：根据 WIOD 世界投入产出表（2016 年版）和联合国 SITC Rev. 3 统计标准整理得出。

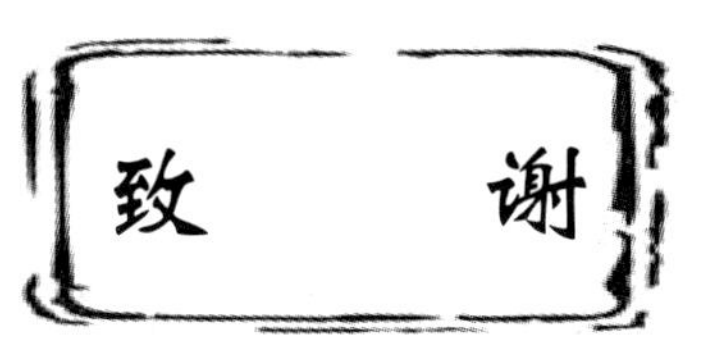

时光荏苒，转眼又迎来了毕业季。在中央财经大学读博的四年，是我人生中最为难忘的四年。在此期间，我得以在导师指导下初窥学术门径，有幸聆听著名专家学者的教诲，并结识了一些志趣相投的好友，使我在读博期间的学习和生活充实而富有意义。

这里，我要特别感谢我的导师和各位评审专家对我的指导，感谢我的家人与朋友、同学及同门对我攻读博士学位的支持与帮助。

首先要对我的导师齐兰教授表达我最诚挚的感谢和敬意。齐兰老师是我学术道路上最重要的领路人，在我阅读文献、选题、论文写作、答辩等每一个环节都倾注了老师大量的心血。在指导我论文写作的过程中，老师经常牺牲自己宝贵的休息时间，直到深夜还在批改我的论文和相关材料。记得有一次在我预答辩后修改论文的关键时刻，文章结构需要进行较大幅度调整，当我茫然不知如何取舍时，是齐老师帮我敲定最终的结构框架。于我而言格外困难的问题，在齐老师的点拨下很快就迎刃而解，让我少走了很多弯路，提高了写作效率。老师在把控大局的同时，也非常注重细节，对学术严谨认真、精益求精的态度深深地影响着我，是我未来工作和学习的榜样。齐老师除治学严谨外，在生活中是一位非常和蔼的长者，每次去她办公室都看到她温暖的笑容，有时还用生动幽默的话语来舒缓我在学习中的紧张情绪，和老师交流后经常感觉放松而充实。虽然她的工作异常繁忙，但也不忘关心我的日常生活和健康情况。在我论文写作最艰难的日子里，是老师鼓励的话语让我坚定信心。毕业答辩顺利完成后，我怀着无限感慨来到她的办公室，再次环顾这个熟悉的地方，看到老师办公室的绿植在浩繁书卷的映衬下长得格外茂盛，正如她一届届的学生一样，在齐老师的精心呵护下茁壮成长。能够成为您的学生，真是我一生的幸事啊！

同时，我还要衷心感谢胡家勇教授、郑超愚教授、张志敏教授、赵丽芬教授、蒋选教授、张铁刚教授、韩金华教授、戴宏伟教授、陈斌开教授等，他们参与到我博士学位论文开题、预答辩和答辩的各环节，并提出宝贵的修改意见和建议，使我受益良多。感谢我的硕士导师王连忠老师，是他培养了我对学术研究的兴趣，在我读博期间向我提供参与项目的机会并给予我悉心的指导。在此向所有指导和帮助过我的老师致以衷心的感谢！

我能顺利完成学业也离不开我的家人和各位亲朋好友对我攻读博士学位的大力支持。感谢我的父母在我学习最艰难时刻的耐心陪伴与悉心照料，为我营造了一个非常舒适的学习环境，家成为我心灵上最为安全与温暖的避风港。感谢我的姥姥和舅舅一家对我学习的鼓励。舅舅是第一位建议我考博的人，是他的提议让我开启博士求学之路。四年来的学习生涯也时常伴随着我远在长春的亲人的关心与问候，让我获得更多理解与支持。特别感谢我家的挚友李文川阿姨对我长达十余年的指导与勉励，让我一次次重拾信心，勇往直前迎接挑战。

在中央财经大学读博的四年里，我也结识了一些好友与同学。我的室友何七香、回莹两位同学在生活和学习上给予我很多帮助，学五楼 743 寝室的欢声笑语将成为我们日后美好的回忆。永远记得 2015 级博士班的同学们一起上课交流、忙碌写作业的日子，能够成为这个优秀集体的一员是我的荣幸。感谢我的同门陈晓雨、赵立昌、孟守卫、马同光、戚翰英、陈绍贵、文根第、于丰泽、魏冉、王旦、黄晓诚等同学的无私帮助与鼓励，让我感受到来自齐门大家庭的温暖。

博士毕业是我学业的一个节点，也是我人生新的开始。在未来的工作岗位上，我将再接再厉，不忘导师的教诲、不忘中央财经大学“忠诚、团结、求实、创新”的校训精神，以最为饱满的精神状态去开启人生新的航程！

王　姗

2019 年 5 月 19 日